AF351458

SI BUSCAS UN CAMBIO
SI QUIERES UN CAMBIO

LIDÉRATE

Y SÉ ESE CAMBIO.

Nicolás Sosa De Franco Nacido en la Ciudad de Montevideo, Uruguay, el 9 de julio del año 1986. Es esposo y padre de dos hijos, una nena y un varón. Profesionalmente es especialista en Liderazgo, en Seguridad y en Inteligencia, aptitudes adquiridas principalmente durante su carrera militar a través de diversos cursos tanto de carácter nacional como internacional, su experiencia, así como también gracias al tiempo y dedicación que ha invertido en desarrollar estos conocimientos. Tiene experiencia en Operaciones Internacionales de Paz en la República Democrática del Congo donde formó parte del Batallón Uruguay IV, desempeñándose en ese entonces como Comandante de Sección en la Compañía Mecanizada Alfa. Está convencido que las personas son las absolutas responsables de su camino, de sus resultados, de la obtención o no de sus objetivos y sueños. Cree que para llegar a ellos ineludiblemente deben liderar sus vidas y adaptarse a los constantes cambios que la vida nos presenta.

También puedes seguirlo en sus Redes sociales

NICOLÁS SOSA DE FRANCO

UN CAPITÁN SIN PELOTÓN

UNA FÁBULA SOBRE LIDERAZGO PERSONAL Y COLECTIVO

AGRADECIMIENTOS

Quiero agradecerle a mi esposa e hijos, a mis padres, a mi hermano y a mis abuelos, a mis amigos y seres queridos. En especial, quiero agradecerle a la vida misma, que me ha dado la oportunidad y la claridad emocional e intelectual, la determinación, la disciplina, la dedicación y el valor necesarios para escribir y crear esta historia, para que pueda ser contada por mí y disfrutada por ti, tal como yo lo he hecho al escribirla. Le agradezco al tiempo que he vivido, al aire que respiro, a la luz del sol que ilumina mi camino, a la noche estrellada que junto a la luna vigilan mi descanso, a la tierra que piso y me da el sostén para permanecer erguido, al agua que me baña, y a todo aquello que me hace ser quien soy, brindándome las energías para vibrar en sintonía con mi cometido fundamental en esta vida... ser feliz e intentar llevarle la felicidad a cuantas personas pueda a lo largo y ancho del mundo. Quiero agradecerle al Señor, al creador, a Cristo y al Universo, esa energía de luz, bondad y amor que me llena día a día el alma del vigor y fortaleza necesarias para salir al mundo a brillar y alcanzar mis sueños. También debo ser agradecido contigo, lector, tú que has tomado la decisión de depositar en mí tu confianza y regalarme parte de tu tan preciado e irremplazable tiempo. SINCERAMENTE DESDE MI CORAZÓN, GRACIAS...

INDICE

PRÓLOGO DEL AUTOR   13

I. CONOCIENDO AL CAPITÁN   21

II. EN LA BUSQUEDA DE SI MISMO   41

III. CAMBIANDO DE RUMBO   73

IV. EL DESPERTAR   99

V. EL CAMINO HACIA EL ÉXITO   119

VI. EL ESQUEMA DEL ÉXITO   151

VII. SIENDO UN LÍDER   235

VIII. CARTA DEL CAPITÁN A SUS HIJOS   271

«SOMOS LO QUE HACEMOS DÍA A DÍA... DE MODO QUE LA EXCELENCIA NO ES

UN ACTO SINO UN HÁBITO.»

ARISTÓTELES (384 – 322 A.C.)

PRÓLOGO DEL AUTOR

Quiero comenzar este libro explicándote que el Liderazgo no es una cualidad congénita ni hereditaria, como muchos lo piensan, no existe tampoco para ello una fórmula secreta ni perfecta. El Liderazgo, desde la óptica que lo veremos a lo largo de este libro, es una combinación de hábitos, valores y habilidades aprendidas, desarrolladas y ejecutadas por una persona que conscientemente desea ejecutarlas a fin de obtener una fuerte transformación en su interior, poseyendo el coraje necesario para afrontar los cambios ineludibles que la vida nos presenta y adaptándose a ellos. Asumiendo con la entereza moral y responsabilidad necesarias para forjarse a sí mismo como Líder, inicialmente de sí mismo y luego de las demás personas que lo rodean o dependen de él, directa o indirectamente. Disfrutando para sí la llave del éxito y del cambio, y siendo en gran forma la llave del éxito y del cambio para los demás. Un Líder es aquel que toma las riendas de su propia vida, que toma al toro por las astas, afrontando los problemas y obstáculos que en la vida se vayan sucediendo, tomando control de ellos, haciéndose cargo de los mismos. Como consecuencia irá transitando el camino escogido, el que ha ido construyendo, y obteniendo a su paso el éxito deseado. La mayoría de las personas suelen cometer el gravísimo error de creer que las cualidades del liderazgo son innatas, que se nace o no con esos dones, autolimitándose de gran forma y dejando las riendas de su vida al destino. Claro que cada uno de nosotros tiene ciertas características o habilidades innatas que resaltan de una u otra forma, o tenemos mayores facilidades o dificultades para una u otra cosa, sin embargo, esa errónea creencia de la que te hablaba configura que las personas mentalmente se auto saboteen convenciéndose que no podrán alcanzar determinado grado de liderazgo al no haber nacido ya con esas habilidades o dones. Por lo tanto, si eres una de esas personas, es necesario que desbloquees tu mente y olvides esas falsas creencias limitantes (si es que las tenías hasta ahora), creencias que solo tú mismo puedes descartar, es una decisión propia, nadie puede hacerlo por ti, tu decides sobre tí, ahora y en tu futuro, **TU DEBES ELEGIR SER UN LÍDER… TU PROPIO LÍDER.** Existen muchas situaciones que suceden a lo largo de nuestra vida, que de una u otra forma nos afectan en mayor o menor medida, y que realmente están fuera de nuestro alcance, que no podemos modificarlas. Sin embargo, somos los únicos responsables en transformar y actuar sobre lo que está a nuestro alcance, y al mismo tiempo decidir qué haremos con aquellas otras que no estaban a nuestro alcance, como responderemos a eso que sucede, cual será nuestra actitud frente a ellas, eso nadie puede quitarte… **LA ACTITUD**.

LAS DECISIONES SON SIEMPRE NUESTRAS Y DE NADIE MÁS, SOMOS AMOS DE NUESTRA VIDA, DUEÑOS DE NUESTRO CAMINO Y RESPONSABLES POR NUESTROS ACTOS.

En mi primer libro trato los temas de seguridad, autoconfianza y auto liderazgo, dirigido a ofrecerte un conjunto de habilidades y herramientas profesionales, efectivas, prácticas y sencillas en estas tres áreas complejas y necesarias para el buen desarrollo y desempeño de tus actividades y del diario vivir. Está enfocado a llegar a cualquier persona sin importar cuáles sean las características que las diferencien, transcurriendo su estructura temática desde lo más tangible a lo intangible, enfocándose desde la definición de seguridad y sus principios básicos hasta llegar a la propia seguridad emocional, factor básico y de suma importancia para que logremos desempeñarnos exitosamente en nuestras actividades. Esa obra que tiene principalmente como objetivo darle un inicio formal al liderazgo personal, abordando el liderazgo, desde la perspectiva del auto liderazgo, explicando qué es, cuáles son sus principios básicos y las cualidades inherentes a todo buen líder, condiciones indispensables para lograr el éxito individual y posteriormente colectivo en cualquier actividad de la que formemos parte, desde una empresa o un equipo deportivo, hasta un grupo de amigos o un hogar.

He escrito este, mi segundo libro, para inspirarte a cambiar, animarte a que confíes en ti, y que luego tú seas multiplicador/a en tus círculos más cercanos, y si fuese posible en la mayor cantidad de personas que puedas influir positivamente… puedes cambiar y mejorar el mundo si te lo propones, ten fe de ello. Es entonces que escribí este libro trayéndote una historia, una fábula, la cual en partes es basada en hechos reales de mi experiencia personal, de personas a las que conozco o he conocido a lo largo de mi vida, algunas con las cuales convivo o he convivido, también volcando en ella mi experiencia profesional, mis estudios y sapiensas sobre el tema, y en otras haciendo el sustancial uso de la imaginación, con la principal finalidad de describirte como el camino hacia el éxito personal está fuertemente ligado y arraigado al **LIDERAZGO PERSONAL.** Estas habilidades que conforman al mismo son esenciales para alcanzar la superación y el éxito en la vida, en cualquier ámbito y circunstancia de ella. Generalmente cuando somos exitosos en cualquier ámbito en el cual nos desempeñemos, de una u otra forma, las tenemos y las utilizamos sin darnos cuenta que estas son manifestaciones de nuestro propio auto liderazgo.

A TODOS NOS LLEGA ESE DÍA EN EL CUAL DESPERTAMOS Y YA NO SOMOS LOS MISMOS QUE AYER... SOMOS NUESTRO VERDADERO Y PLENO YO, EL DILEMA ES QUE ESE DÍA PUEDE LLEGARNOS DE MANERA MUY TEMPRANA EN LA VIDA, Y DE ESA FORMA ALCANZAR DISFRUTARLA A PLENO, O PUEDE LLEGARNOS LOS ÚLTIMOS DÍAS CUANDO EL TIEMPO YA ES ESCASO Y TENEMOS POCOS SUSPIROS POR CONTAR. ESTÁ EN TUS PROPIAS MANOS HACER TODO LO POSIBLE PARA QUE ESE DÍA OCURRA LO ANTES POSIBLE Y QUE DE ESA FORMA LOGRES VIVIR CON PLENITUD Y CALIDEZ LA MAYOR CANTIDAD DE MAÑANAS Y ATARDECERES POSIBLES.

En esta fábula que busca ser inspiradora, te encontrarás con un personaje que te irá llevando en base a su historia personal y experiencias propias, durante una parte del camino de su vida, del transcurso de su vida, una que bien podría asemejarse cambiando nombres y detalles a la de cualquier persona que camina por este mundo en su propio y único pasaje, en busca del éxito sea cual sea que busque. En su ruta se irá encontrando con toda clase de situaciones adversas, con obstáculos que parecieran insalvables, con escenarios y circunstancias de la vida real, irá delineando y construyendo su camino al andar, tendrá que adecuar sus ideas y costumbres, deberá de irse adaptando a los cambios necesarios que las distintas circunstancias le vayan requiriendo, entonces y de esta forma nos irá también demostrando soluciones y quizás hasta brindándonos algunos consejos, esquemas, reflexiones y moralejas.

Esta fábula ha sido delineada con el fin mayor de transmitirte a ti, lector (y a mis propios hijos, cuando tengan la edad suficiente para leerla), un número de vivencias y experiencias que engloban una variedad de valores y principios tan necesarios y elementales para erigirse como personas de bien, libres, inspiradoras, en personas determinadas, disciplinadas, triunfadoras, exigentes consigo mismo para lograr convertirse en sus propios Líderes, y a partir de allí en los Líderes que la sociedad y el mundo necesitan. Convertirse en aquellos que serán capaces de transmitir a las demás personas estos principios, hábitos y valores que los ayudarán a alcanzar sus metas y objetivos, que los impulsarán al éxito deseado, personal y colectivo. Que les permitirá dejar una huella profunda, sincera y valedera a su paso, una huella que valga la pena dejar, que sirva de cimientos para las nuevas generaciones, que sirvan para construir nuevos proyectos basados en ideales honorables y distinguidos, pero principalmente para ser personas felices y transmitir alegría a los demás. Ser felices es básicamente la razón fundamental de nuestra existencia, sino ¿que más lo sería? Esta Fábula te tocará algunas de las fibras más íntimas (o al menos esa es mi intención), buscando forjar desde los más recónditos espacios de la mente, del alma y del ser, intentando cimentar las bases morales de los nuevos Líderes de hoy y del mañana.

«UNA VIDA SIN PROPÓSITO ES COMO UN CAMINO SIN DESTINO, NO VALE LA PENA RECORRERLO PORQUE NO TE CONDUCIRÁ A NINGUNA PARTE.»

Empecemos…

I.   CONOCIENDO AL CAPITÁN

David era Oficial del Ejército en su país, en esos días ostentaba la jerarquía de Capitán y unos bien vividos casi cuarenta años, ya era un hombre maduro, aunque tenía mucho más por vivir y aún por aprender. En estos tiempos modernos y por diversos factores como lo son el aumento de la expectativa de vida gracias al desarrollo de la medicina, entre otros factores, uno continúa físicamente en plenitud en lo referente a eficiencia laboral quizás hasta los sesenta años, así que de cierta manera podríamos decir que aún era un tipo joven, y se encontraba al menos a la mitad de su expectativa de vida. Era Esposo de una hermosa, afectuosa, carismática y encantadora mujer, y padre de dos hijos, una niña y un niño, no tenían mascotas y la razón era que vivían en un pequeño apartamento alquilado y no querían tenerlas encerradas, aparte que tampoco estaban autorizadas por reglamentación de la administración del edificio. Él soñaba con tener una casa propia con un gran patio trasero donde tener dos perros como aquellos con los cuales él se había criado, Rocky y Diana eran sus nombres. No era amante de los gatos, pero a su hija le gustaban mucho, así que tampoco descartaba esa opción. Sus padres ya se encontraban disfrutando del retiro laboral, ellos habían pasado gran parte de su vida trabajando en una empresa de transporte, la más importante de su país y una de las más grandes de la región, si bien no se conocieron en ella, luego compartieron algunas funciones en la empresa ya siendo pareja. Su padre también había servido en el Ejército hace un largo tiempo atrás, uno de esos viejos soldados que recordaba sus momentos de éxito en la carrera y añoranzas juveniles, cada vez que se veían o compartían algún momento juntos recordaba algunas anécdotas de su época y ya aprovechaba para aconsejarle en algún aspecto. Era de esos viejos soldados que contando sus añoranzas suelen dibujar las mismas poniéndole cuanto condimento encuentren en su imaginación, generalmente repitiendo las historias una y otra vez, aunque siempre con algún matiz diferente. A diferencia de él había comenzado como Soldado raso, pero gracias a sus condiciones personales y funcionales había alcanzado la jerarquía de Sargento. Claro que su padre fue uno de los grandes responsables de inculcarle ese amor vocacional sobre la carrera militar, así como la mayoría de los padres hacen para con sus hijos, queriendo o no, directa o indirectamente, suelen entusiasmar a sus hijos guiándolos a continuar con sus pasos, pero intentando que los mejoren, inculcándoles que es una carrera o trabajo seguro, que tendrán un retiro asegurado y un respetable y decente porvenir, aunque así no siempre lo sea. Cuando era muy niño, lo recuerda y se regocija hasta hoy en día, algunas tardes o noches junto a su hermano mayor pasaban acompañando a su padre en las guardias, cenando con el resto de sus camaradas en los comedores, corriendo por los pasillos seguros de una unidad militar, haciéndole el saludo militar a cuanto soldado pasase por su frente, imitando el paso redoblado y jugando con algún palo de madera que simulase un rifle o fusil, salvando a la patria y al mundo entero, lo hacían así como a casi todo niño le gusta jugar a los soldados. También recuerda que ambos de sus padres tuvieron varios emprendimientos empresariales, por separado y en común, que al final por diferentes razones resultaron fallidos, o no obtuvieron los resultados que esperaban conseguir, desde un video club hasta una peluquería, quizás por ello temían arriesgarse y preferían lo «seguro», lo «estable», un trabajo fijo que convenga en una retribución salarial mensual «adecuada e invariable», una que traiga consigo una jubilación cuando se retirasen.

Uno de sus abuelos también fue militar, el padre de su madre, Ernesto, el «Nono», como lo llamaba el Capitán. Él había servido en el Ejército Italiano en los vestigios de la Segunda Guerra Mundial, pero a diferencia de él que era Artillero, su abuelo perteneció al Arma de Ingenieros. También como su padre fue soldado raso, en su caso cumpliendo con el servicio militar obligatorio que solía haber en esos estados europeos, dado principalmente por la situación bélica existente desde hace años atrás. Esos momentos tan duros que vivió durante la guerra junto a su familia, y las dolientes repercusiones económico-sociales al finalizar la misma, lo hicieron partir junto con su esposa, su abuela, lejos de su Patria en busca de nuevos horizontes y posibilidades, con la esperanza de encontrar en tierras lejanas la tan ansiada paz y prosperidad que en su tierra no tenían, tierra que había sido devastada, destruida no solo ediliciamente o económicamente, principalmente lo fue emocional y moralmente por los largos años de lucha. Es entonces que ambos viajaron tan solo con una pequeña maleta de cuero, llena de sueños y algún trapo viejo (maleta que aún él conserva como recuerdo de ellos y ese viaje lleno de esperanzas en busca de un sueño). Su abuelo Ernesto, era el mayor de cinco hermanos, su familia era proveniente de las afueras de «Laino Borgo», un pequeño municipio situado en la provincia de Cosenza, en la Región de Calabria, al sur de Italia. Mientras que su abuela Josefina, la «Nona», era oriunda de un hermosísimo municipio sobre las costas del mediterráneo, llamado «Praia a Mare», aunque realmente ella había nacido por casualidad en «Aieta», a unos doce kilómetros de la anterior, el mismo día que hacía fecha del fallecimiento de su abuela paterna, momentos en los cuales habían ido sus padres y hermanos mayores a visitar a su abuelo por esa jornada y en ese mismo viaje familiar terminó naciendo, ambos municipios también se encuentran en la provincia de Cosenza, en la Región de Calabria, como ya mencioné al sur de Italia. Ellos, sus abuelos, se conocieron de muy jóvenes cuando su abuelo junto a sus padres Francisco y Filomena, y algunas tías viejas, caminaban largos tramos de unos 44 kilómetros a través de caminos que atravesaban largas montañas desde un municipio a otro, para comerciar principalmente las castañas que cosechaban en sus tierras. También en ocasiones llevaban telares para acabar, ya que ellos trabajaban los telares de forma artesanal en sus hogares, y en «Praia a Mare» existía una máquina moderna (para la época), con la cual podían darles los acabados finales, para luego si llevárselos de retorno a su pueblo y comerciarlos. Al mismo tiempo aprovechaban para adquirir ciertos artículos que no podían conseguir en su pueblo o eran muy caros, en ocasiones traían un burrito con ellos para ayudarlos a cargar las cosas, era el único que poseían.

Los padres de ambos eran grandes amigos comerciales, como no había hoteles en esa zona, aún en esa época, los padres de la abuela les permitían pernotar en una pequeña y humilde casita de campo que tenían a las afueras de «Praia a Mare», a cambio de algunas castañas. Dicha casita que durante la gran mayoría del año permanecía vacía y a la cual solían acudir tan solo durante unos pocos meses al año a cosechar las uvas para hacer el vino, secar los higos, hacer la salsa de tomate, y levantar toda la cosecha que hubiese. Es así que de esa forma se fueron conociendo y de a poco comenzó a cimentarse la relación entre ambos, floreciendo el amor que un día los uñó tan fuertemente y que los hizo abandonar su tierra partiendo juntos a un nuevo mundo desconocido para ellos. El viaje en barco duró diecisiete días atravesando el océano atlántico, llegando a la nueva tierra (Uruguay) el mismísimo día que se conmemoraba el día de los difuntos, jornada en la que había huelga de los trabajadores portuarios y por lo tanto no pudieron descender hasta la siguiente jornada. Es entonces que ya en la nueva tierra se pusieron como meta fundamental alcanzar la paz y prosperidad que no tenían en su patria. Es importante mencionar que al mismo tiempo que iban alcanzando cierta estabilidad económica, él abuelo se esforzó para traer desde la vieja Europa a toda su familia, y darles allí las oportunidades que en su patria no tenían. Claro que tuvieron que trabajar de sol a sol y todo fue un brillante trabajo de equipo entre ambos, mientras el abuelo trabajaba fuera de la casa, su abuela Josefina, cuidaba a su madre, de la cual quedó embarazada durante ese largo viaje en barco desde el viejo continente al americano, o quizás algunos días antes. La abuela realizaba las tareas del hogar, tejía vestimentas, preparaba los alimentos frescos y en conserva, cuidaba de algunos animales y de la tierra sembrada. Gracias al esfuerzo de ambos logró ese cometido de brindarle a toda su familia una nueva oportunidad, trayendo a sus hermanos e inclusive haciendo lo mismo con sus propios padres. El Capitán aún conserva un librillo perteneciente a su abuelo que su abuela posteriormente al fallecimiento del mismo le regaló, librillo que le fuese entregado a su ascendiente cuando comenzó el servicio militar obligatorio, este librillo data del año 1948, y se llama «Il libro del Soldato».

Su abuelo paterno, Antonio, fue durante largos años uno de los mejores matriceros del país (Uruguay), su genialidad, imaginación, inventiva y manualidad lo llevaron a desarrollar excelentes trabajos, sin embargo con el transcurso de los años cuando la tecnología continuó avanzando vertiginosamente, lo fue dejando de lado a él y a esos tantos artesanos que un día brillaron ayudando a solucionar e inventar toda pieza que fuese necesaria, tanto para maquinarias, motores, y cuanto imaginación poseas. También venía de una familia humilde cuyos antepasados habían emigrado desde la vieja Europa durante la Primera Guerra mundial, pero ellos lo hicieron desde Portugal. Supieron vivir junto a su padre, su hermana y la abuela, en un viejo rancho a las afueras de la Capital, cerca de un hipódromo, en las tierras que el «Tata» pudo comprar, porque así lo llamaba el capitán. Era uno de esos ranchos donde el baño quedaba apartado, fuera de la casa, a unos metros de las habitaciones, donde la ducha era con un tarro de agua fría, en la temporada invernal calentaban el agua en una olla al fuego de una vieja caldera. Allí de a poco, con mucho sacrificio y dedicación, construyó una bella y amplia casa para su familia. A su abuela paterna no llegó a conocerla, los avatares de la vida se la llevaron muy pronto, un año antes de haber nacido. El Capitán también conserva aún un librillo perteneciente a su abuelo, que un día su padre posteriormente a su fallecimiento le regaló, librillo que marcaba el arraigo a la patria y el nacionalismo de su abuelo, librillo que habla ni más ni menos que del Héroe militar de su tierra, de su prócer, que data del año 1950, y se llama «Artigas, fundador de la nacionalidad oriental, prócer de la democracia americana», obra perteneciente al escritor Miguel Víctor Martínez.

Ahora que ya te relaté sobre la historia familiar, sobre sus abuelos y sus padres, conozcamos un poco sobre su crianza. Sus padres trabajaban muchas horas al día para poder llevar el plato de comida a la mesa, para pagarle a su hermano y a él sus estudios, también para brindarles algún gusto cuando se pudiese. Es entonces que la gran mayoría del tiempo cuando no se encontraba en el Colegio al cual concurría, o no se encontraba realizando alguna actividad deportiva en el club, permanecía junto a sus abuelos maternos, así que podríamos concluir que ellos fueron grandes participes de su crianza, puesto que quizás haya pasado cuando chico más tiempo con ellos que con sus propios padres. Allí colaboraba y aprendía sobre las tareas del hogar, inclusive aprendió mucho sobre algunas tareas rurales como lo es la agricultura, dar vuelta la tierra, sembrar, regar y cosechar, el cuidado de las gallinas y los conejos, el hacer la tan preciada salsa de tomate al estilo italiano, ir a buscar hongos al campo para hacerlos al escabeche, poner a secar frutas para hacer pasas de higo, de uva y de ciruela, y por sobre todo lo concerniente el tan gustoso y fuerte vino característico del sur italiano, cosechar las uvas, ir a diferentes viñedos a comprar otras cepas, colocarlas en los tanques y pisarlas, estrujar el orujo, poner el jugo a fermentar, y mucho más. Como anécdota te cuento que su primera borrachera fue con el vino de su abuelo, un día como cualquier otro durante el almuerzo, cuando tenía cinco o seis años, tomó a escondidas el vaso de su abuelo, lleno de vino tinto, que se encontraba sobre la mesa, y lo bebió de un sorbo. Sus abuelos lo hallaron durmiendo, cual borracho, tirado sobre una alfombra al lado de la puerta de entrada de la casa. Prosigamos con su crianza. Intentaba darle una mano a su abuela cuando preparaba panes o pasta cacera de diversas variedades, entra otras habilidades gastronómicas de esta cultura. Recuerda de niño juntarse con su hermano mayor y sus primos alrededor de las viejas tías y su abuela mientras carneaban algún lechón para preparar achuras, y luego los viejos tíos y su abuelo harían el resto asado, a la parrilla, compartiendo alguna que otra exquisitez de esta cultura tan rica gastronómicamente hablando. También como no recordar cuando pisaban la uva y tomaban el dulce jugo de uva exactamente luego de recién haberle colocado la azúcar, antes de separar en vasijas de vidrio para esperar que fermentase y se convirtiese en vino.

Durante el transcurso de los años, a lo largo de su carrera, supo desempeñar diversas funciones y cargos, y destacarse en varios aspectos que caracterizan a la misma. Comenzó haciendo el Liceo Militar donde conoció a algunos de sus mejores amigos que lo acompañarían durante el transcurso de su vida, luego de este ingresó con honores a la Escuela de formación de Oficiales. No fue nunca premio en conducta ya que su inquietud y picardía solían jugarle en contra, sin embargo, sus calificaciones académicas y deportivas eran destacadas. Durante su estadía en la Escuela Militar continuó desarrollando esas cualidades que lo caracterizaban, bueno en lo académico y deportivo, pero nunca ejemplar en su conducta, siempre fue disciplinado y subordinado, no era un mal cadete, pero no pudo nunca dejar de lado su inquietud y picardía, eran más fuertes que él, yendo generalmente en contra de la corriente. La carrera en su país duraba cuatro años, que se hacían casi eternos, encerrado gran parte del tiempo, sacrificando por amor a la profesión y a su vocación, algunos de los mejores años de la juventud, cosas características de esta carrera tan particular. Ya recibido como Oficial su legajo de Cursos era excepcional y muy abarcativo, había participado de tantos cursos que ya no tenía espacio en su pared para tantos diplomas, porque le gustaba colocarlos allí junto a su Sable, símbolo de mando, y a un cuadro del Héroe Nacional, este era como su muro de reconocimiento y honores. Estos cursos iban desde los particulares de su especificidad, como Oficial de Artillería, hasta cursos logísticos de variadas características, de Inteligencia Militar y Estatal, sobre Recursos Humanos nacionales e internacionales, sobre los diferentes aspectos de las Coordinaciones Cívico-Militares, sobre Protección de Civiles, sobre Gestión Ambiental, sobre Topografía, sobre idiomas, sobre manejo de diferentes armas, entre tantos otros de gran variedad temática. También había recibido algunas de las mejores notas en estos y durante los cursos de capacitación para los pasajes de grado, de jerarquía, no era el mejor, pero era bastante bueno, sobresalía de la media. Físicamente no podría decirles que era un atleta de élite, lejos de eso, pero sin embargo siempre cumplía exitosamente todas las pruebas con las cuales era evaluado, teniendo continuamente buenas calificaciones, era ágil y poseía una gran destreza, esto le permitió competir en diversas disciplinas tanto en su carrera como fuera de ella. Solía respetar mucho el cuidado de su salud y el buen físico, entendía que estos aspectos eran fundamentales para su desarrollo personal, que eran parte de un conjunto de condiciones necesarias para alcanzar una vida plena y totalmente necesaria para estar frente a fracciones de hombres que debían prepararse para la guerra, para defender a su nación. Claro que también se daba sus gustos, no solía faltar a ninguna reunión de amigos o familiar donde hubiese alguna clase de bebida espirituosa que acompañara el momento, y generalmente dadas sus capacidades humorísticas solía ser uno de los que generaba el buen ambiente, fomentando las bromas y risas, juegos y bailes, su hija solía decirle cada vez que hacía algún chiste *«Papá eres un bromista»*. Si alguna vez andaba de mal humor enseguida se lo hacían saber, se notaba a leguas, ya que las reuniones no eran lo mismo sin su toque de humor e ingenio.

Siempre le preocupó perderse de alguna actividad o no disfrutarla a pleno con sus hijos, no poder llegar a regocijarse de cada etapa del crecimiento, no quería perderse las caminatas, corridas, hacer algún deporte o andar en bicicleta con ellos por no encontrarse bien físicamente, más allá del desgaste lógico que los años acarrean, y en su carrera se sentían mucho, no podría perdonarse no compartir con ellos cada momento, no habría excusas válidas para ello. Tenía grabado a flor de piel lo ausente que principalmente su padre fue durante los años más jóvenes de su vida, no porque no quisiera estar con sus hijos, sino que trabajaba en dos lugares a la vez, apenas llegaba a la casa para darles el beso de las buenas noches y ya partía nuevamente en la madrugada. Claro que la vida militar es una carrera muy particular, se pasa mucho tiempo fuera del hogar entre los diferentes servicios, guardias, campañas y maniobras, por eso y con más razón aún, se exigía disfrutar de cada momento que pudiese estar con sus hijos y su adorada esposa. En su tan particular vocación, las exigencias son fuertes y a veces rozando lo extremo, y en consecuencia ya con varios años de servicio alguna molestia tenía pero trataba de disimularla, hacerla llevadera y minimizarla al máximo, «*un Capitán debe estar siempre delante de sus tropas y llegar primero en cada corrida o prueba, debe estar al mismo nivel que sus jóvenes soldados y tenientes de 20 y pocos años*», repetía continuamente cuando lo veían entrenar al máximo de sus posibilidades o cuando se cuidaba semanalmente con sus comidas. Intentaba inculcarle esta idea y sentimiento de Liderazgo a los jóvenes Oficiales a su cargo, así como a los Sub

Oficiales más nuevos, siempre al frente, siempre activos, siempre fuertes y sanos.

Era idealista, o al menos creía serlo, creo que como todos de alguna u otra forma creemos y percibimos que lo somos. No se perdía de oportunidad alguna que le permitiese dialogar con alguien, con cualquier persona, con el fin de simplemente charlar, o brindarle alguna enseñanza, cualquier experiencia o moraleja, alguna ayuda o consejo, o preguntarle algo que él quisiera aprender o conocer. Le apasionaba contar historias y bromas, anécdotas vividas o escuchadas, hablar y hablar. La oratoria era una de sus cualidades más destacadas, inclusive muchos de sus amigos y familiares más cercanos afirmaban que era capaz de venderle una caña de pescar a un beduino en pleno desierto del Sahara, quizás hasta por agotamiento, pero lo haría. Te aseguro que no era fácil de vencer, menos aún lo sería por cansancio, era muy obstinado y a veces testarudo, nadie ni nada podría alejarlo de sus objetivos, de alguna u otra forma los alcanzaría, ya que contaba en su haber con una gran imaginación y determinación, quizás alocadas en algunas oportunidades, pero generalmente funcionales y lógicas.

Como esposo, era generalmente de esos románticos de antaño, amoroso, cariñoso, apasionado, muy poco vergonzoso o casi nada, había conquistado a su amada esposa de una forma muy peculiar, nadando en aguas turbias que buscaban alejarlo de ella, pero como ya lo mencioné, su terquedad y empeño no permitieron que se dejara vencer, la conquistó y los frutos de ese amor hoy en día estaban coronados con dos hermosos hijos y ya quince años de matrimonio. Claro que no todo era color de rosas, todas las relaciones tienen sus altibajos, críticas constructivas y las no tanto siempre habrá, discusiones y discrepancias también, pero cuando el más sincero y profundo amor une a las personas, toda inclemencia puede ser superada, e inclusive fortalece el lazo que los une. Cuando las parejas comprenden que son un equipo, y que el éxito del equipo depende del trabajo en conjunto de ambos, las diferencias o discrepancias pasan a un segundo plano y prevalecen las razones y sentimientos que los unieron y aún los mantienen unidos, haciéndolos cada vez más fuertes y determinados a conquistar las metas en común y de igual forma aquellas personales, con el generoso apoyo de su contraparte.

Como te lo decía con anterioridad, siempre le apasionó estar delante de las tropas, de sus subalternos, de su equipo, no se concebía como un Oficial de Oficina, de Despacho, Administrativo. Claro que el paso de los años y el aumento jerárquico le exige al Oficial tanto como a cualquier persona en cualquier actividad a la cual se dedique, que deba ocupar lugares mayormente administrativos o que deba prestar mayor atención a estos aspectos, las responsabilidades aumentan y con ellas la carga administrativa, así como un jugador de fútbol que con el pasar del tiempo se convierte en entrenador, y quizás más adelante en dirigente del club. Aunque como te decía, a él le gustaba ensuciarse las botas con barro, estar en el campo, estar donde suceden las cosas y se traspira la camiseta. Aún con el paso de los años continuaba formando parte de las fracciones de combate, y lo disfrutaba al máximo porque sabía que el tiempo corría en su contra, era limitado y no podía echarle para atrás.

De joven teniente fue voluntario a formar parte de las fracciones que prestaban su servicio a las Naciones Unidas, habiéndose desempeñado como comandante de una Sección de Combate Mecanizada que se encontraba empeñada en tierras congoleñas, en el centro de la tan sufrida África. Allí estuvo desplegado por poco más de diez meses, en épocas donde el avance tecnológico no permitía las facilidades comunicativas actuales, aunque tampoco se encontraban incomunicados como lo era en épocas más antiguas. Las experiencias profesionales, pero principalmente personales, que pudo traerse desde esas tierras lo acompañarían por el resto de su vida, supo sentir en su pecho esa desgracia que aquejan esas personas, esa guerra interminable por los recursos naturales que no hace más que profanar esas tierras y lastimar a sus pobladores, llevándolos a sufrir de una forma inhumana los deseos y comodidades que en otros rincones del mundo se disfrutan. Sintió tanto ardor en su pecho por las lágrimas que recorrían las mejillas de varios pobladores locales, en especial mujeres y niños, que jamás pudo olvidar algunos de sus rostros, y ese mismo ardor fortaleció y vigorizó su alma, jurándose para sí mismo que jamás olvidaría esa experiencia y que haría lo máximo a su alcance para ser cada día una mejor persona y ayudar a cuantas personas pudiese a su paso, por donde la vida lo encontrase. Tuvo la suerte de volver a su país sano y salvo junto con el resto de sus camaradas, aunque no todos corren con la misma suerte. No vale la pena describir al lujo de detalle algunas de las vivencias que lo marcaron a fuego en su piel mientras que estuvo allí, pero sepan que las hubo y las hay aún para aquellos que siguen patrullando esas tierras. Ya vuelto a su tierra tuvo posibilidades de regresar a cumplir con ese servicio, sin embargo, decidió no hacerlo, es un hecho que económicamente le hubiese servido, pero priorizó el tiempo con su familia pese a que necesidades económicas siempre hubo, comprar una casa a veces parecía tan lejos, pero confiaba en que lo lograría, siempre confiaba en sí mismo y que alcanzaría cumplir con todo aquello que se propusiera, sea lo que sea.

Suele suceder, en ocasiones, que cuando uno decide alejarse de su familia por un tiempo, para conseguir algún logro profesional o personal, por más noble que sea, piensa egoístamente y supone que se pondrá pausa en la vida, que la deja detenida tal cual una película y cuando uno regresa se pone play nuevamente, y todo continúa tal cual como antes lo estaba, ya que uno es el centro del universo y todo gira o deja de girar por y para uno. Esto es tan incorrecto que suele terminar con tantas relaciones, generando divisiones familiares, pero mucho más importante aún, son las etapas de crecimiento que se pierden de sus hijos cuando los tiene, de sus sobrinos o hasta las últimas horas con padres o abuelos, y como lo dije antes, él no concebía perder más tiempo con sus seres amados. El tiempo pasa y no tenemos forma de detenerlo, no podemos controlarlo y hagamos lo que hagamos seguirá su curso sin consultarnos. Para su suerte, lo entendió a tiempo, y priorizo su familia antes que el dinero y alguna que otra medalla y diploma.

Ya con unos largos años de carrera, formaba parte del Cuerpo de Oficiales de una Unidad de Combate, era comandante de una Sub Unidad, de una Compañía especializada en técnicas de combate urbano y sub urbano. Llevaba ya cuatro años al frente de la misma, tenía el objetivo y el firme deseo de continuar así, lo disfrutaba al máximo, a diario agradecía por estar haciendo lo que le apasionaba. Esos hombres eran parte de su familia, eran un equipo que había templado su unión en el más profundo honor y amor al servicio de su nación, eran sus hermanos.

Si, ese era él, el brillante y valiente Capitán comandante de un Pelotón de bravos hombres preparados para defender a su Patria, de toda amenaza nacional o extranjera que quisiera herirla. Ese era él, con ideales y principios firmes, con un enérgico caminar, con una voz fuerte y segura, entrenando e instruyendo a sus valerosos, diestros e idóneos oficiales, sargentos, cabos y soldados, día tras día, semana a semana, mes a mes, año tras año. Ese era él, un hombre feliz con el realizar y vivencia de su profesión, de su vocación, de su carrera, porque no veía a esta simplemente como un trabajo, era mucho más que eso, era su vida, en ella había depositado gran parte de sus sueños. No era más que una de esas personas que andan por el mundo siendo apasionadas con lo que hacen, que cada día se sienten realizadas y felices haciendo aquello que aman, aquello para lo cual creen haber nacido y destinados, sin importar la profesión que efectúen, desde un arquitecto hasta un panadero, desde un profesor universitario a un maestro de escuela, desde un chef hasta el mozo del restaurant, desde una ejecutiva hasta una ama de casa, ese era él.

No hay mucho más que pueda contarte de ese capitán, de ese hombre, de ese padre de familia, de ese hijo, de ese amigo, era uno como tantos otros, era uno como tu o como aquel, como cualquiera de nosotros. Verás que hasta aquí su historia puede tener muchas semejanzas con la tuya, con la de un amigo, un vecino o tu pareja, con variables claro, con diferencias, pero al final muchas más similitudes, en su esencia, que diferencias, dejando los detalles de lado. Espero que sus experiencias posteriores, las que comenzarás a leer a continuación en los siguientes capítulos, contribuyan en tu vida, así como lo hicieron en la de él, en la de todos aquellos a los que pudo llegar directamente, y a los otros que estos llegaron, y así sucesivamente como una bola de nieve que va aumentando su caudal al bajar por la montaña.

II. EN LA BÚSQUEDA DE SI MISMO

Winston Churchill

Recuerda una conversación que tuvo un día con uno de sus mejores amigos, una amistad entre ambos que perdura desde la adolescencia, ya que habían compartido varios años en la secundaria y desde allí comenzara su amistad, quien era inclusive hoy en día el padrino de su hija mayor. Recuerda que esta conversación transcurrió mientras compartían una cálida tarde de Barbacoa como tantas otras, nada especial en un comienzo, era una más. Esta ocurrió en la casa de su amigo, él vivía cerca de la costa a unos cuantos kilómetros de distancia desde su hogar. Alejandro, su amigo, era Oficial y Piloto de la Fuerza Aérea, amaba lo que hacía, volar era su pasión y esto era lo que lo encadenaba de cierta forma a su carrera, sentirse libre en los aires, nada ni nadie podía molestarlo mientras surcaba los aires, para él, los problemas en tierra desaparecían.

41

«Tu padrino es el amo y señor de los cielos»… «el padrino conoce personalmente al sol»…«las montañas se arrodillan ante mi cuando me ven pasar»… eran algunas de las frases que le decía continuamente a su ahijada, la hija del capitán, en tono de broma, generalmente ocurrían cuando la tomaba con ambas manos mientras ella se recostaba en sus brazos y abriendo los suyos simulaba ser una avión que surcaba los aires tal como lo hacía el padrino, libre y feliz. En esa simple y casi rutinaria plática, en una hasta allí normal tarde de barbacoa, se sucedió algo que lo marcó para siempre y no hasta luego de terminada esa tarde, fue que esa conversación tuviese significado para él. Solían hablar de esta clase de temas aunque quizás nunca de forma seria, eran conversaciones distendidas, hablaban de sus carreras profesionales, de sus días de labores, del servicio militar y de que harían cuando pasasen a retiro, cuando ya no formasen parte de las Fuerzas Armadas, cada uno en las diferentes áreas en las cuales se desempeñaba, no obstante lucían las mismas bases ideológicas y dogmáticas. Pero ese día su amigo le dijo algo distinto, unas palabras que lo marcarían para siempre. El capitán le preguntó a su amigo que era lo que ataba a su profesión, ya que siempre le comentaba que tenía intenciones de volar para una gran empresa internacional de aviación, que esa era su meta a futuro, e inclusive ya había sondeado por algunas oportunidades. Es entonces que la respuesta de su amigo fue la siguiente: *«Hago lo que me*

apasiona, mi pasión hoy es volar, estoy en la Fuerza Aérea para volar, no por el dinero claramente, el día que no pueda hacerlo, sea cual sea la causa que me impida realizar mi pasión, dejaré esta carrera y buscaré nuevos horizontes. Soy un hombre libre, no tengo ataduras con nadie ni nada, no le debo nada a nadie, libre vine al mundo y libre quiero seguir siendo, volar me da esa libertad David, mi amigo y compadre. Si en la Fuerza Aérea me impidiesen volar, sea cual sea la razón, ese mismo día pasaría a retiro y buscaría oportunidades fuera de ella, desconozco lo que encontraré pero golpearé tantas puertas como sea necesario para alcanzar mi meta, mis sueños, para volver a volar, no me importa el sueldo en sí mismo, no me importa qué clase de avión, me importa ser feliz, y lo soy arriba de un avión surcando los aires sea donde sea y como sea.» Esas ideas, esas frases, esos conceptos y sentimientos que su amigo le trasmitió en esa conversación, rondaron por su cabeza por varias noches.

Luego de más de 15 años de servicio siempre formando parte y al frente de tropas entrenadas para el combate, un tiempo transcurrido ya desde aquella conversación con su compadre, un día se encontró con un dilema existencial para él, ya no estaba haciendo lo que le gustaba, lo que le apasionaba. Ya no estaba al frente de sus tropas, ya no caminaba junto a ellas por los campos de entrenamiento, no ejercitaba junto a su equipo las técnicas que buscaban llevarlos a la perfección, ya no compartía el sano y preciado espíritu de cuerpo que los había unido, ya no sentía esa fortaleza que creía hacerlos únicos e invencibles, él ya no era el Líder de un grupo de bravos guerreros preparados para defender a su nación y a sus familias de los peores enemigos, detractores de los más nobles ideales que hacían libre e independiente a una Nación. Él ya no era ese hombre, y el problema mayor radicaba en que las dudas en su interior crecían, tal como lo hace una bola de nieve en picada descendiente desde una montaña, y ahora inclusive ya ni él mismo sabía quién era, algo así como suele sucederle a las personas cuando por tanto tiempo se dedican a una actividad u oficio, cual sea que sea, adentrándose en la rutina y convirtiéndola en su vida y realidad, confundiéndola con su ser, reflejándose y concibiendo que son ese cargo o puesto más que ellos mismos. Es así que con el paso del tiempo esas personas han dejado de lado su verdadero ser, sus deseos, sueños, metas y objetivos personales, para convertirse en eso aceptado por la sociedad y su entorno, una pieza más del sistema.

Habían transcurrido unos meses, ya casi un año desde que fuese relevado de su función de Comandante de Compañía, no por haber cometido errores que justificaran su relevo, no por ineptitud ni ninguna otra clase de aptitudes o actitudes que ameritasen ese cambio, simplemente los avatares del servicio, el paso del tiempo y los tan llamados gajes del oficio o de la profesión, así como lo existen en todas las carreras. Nada más que el simple, inapelable e ineludible paso del tiempo era el culpable de que esa etapa que tanto amó y tanta felicidad trajo a su vida, hubiese terminado y otra nueva diera comienzo. Es entonces que las palabras que su amigo le transmitió esa cálida tarde, se venían a su mente día tras día, noche tras noche, no podía evitar pensar que tan ciertas eran y que tanto reflejaban su actual situación.

Ahora integraba un equipo de oficiales que formaban parte del Estado Mayor de una Brigada, su trabajo había pasado de entrenar e instruir audaces soldados para el combate a encargado de una pequeña oficina, donde tan solo tenía dos escribientes a su cargo para hacer los papeles necesarios a su función y responsabilidades, puramente administrativas. La ventana de su despacho, de su oficina, ya no daba a los verdes campos de entrenamiento de una Unidad de Combate, donde el sol cada mañana entraba fuertemente con el vigor de un nuevo día, ya no se encontraba junto a una de las Barracas donde sus bravos soldados se alojaban, llenas de frases motivadoras, expresadas o escritas por grandes líderes militares de la historia y por el héroe nacional. Ahora su oficina se encontraba en un edificio en el cual su ventana daba a un pasillo, un sombrío corredor de oficinas, donde no había más luz que la de unas lámparas en el hall, día y noche encendidas. Antes solía vestir con su uniforme camuflado y botas militares, acordonadas de una forma particularmente que le hacía sentir cómodo y práctico para quitárselas rápidamente si fuese necesario, estos tan solo son detalles de la profesión y del servicio. Habitualmente en esas épocas se encontraba armado con su correaje de combate, donde tenía su pistola, cargadores y bayoneta, siempre en condiciones de combatir, ahora ya el arma no salía de su caja fuerte, siquiera había efectuaba algún tiro de entrenamiento con ella desde que cumplía con el nuevo destino y cargo. Generalmente ahora estaba vestido de pantalón de vestir y camisa ambos beige, con zapatos negros de cuero bien acordonados, conocido generalmente en la jerga militar como el uniforme de paseo, el uniforme administrativo. Ese bravo soldado, ese audaz guerrero, ahora era un sedentario y disgustado oficinista.

Vale aclarar que no tengo nada en contra de los oficinistas, ni aquellos que realizan tareas administrativas, como ya lo verás a lo largo de esta historia. Sin embargo, para él, para nuestro protagonista, para David, para el Capitán, eso no era lo que esperaba y le apasionaba de la carrera a la cual se había dedicado largos años de su vida. Pongamos un ejemplo, imagínate que siempre soñaste con ser futbolista y hacerlo en determinado equipo, el de tus sueños, defender la camiseta del equipo del cual eres hincha, y durante tu carrera, en determinado momento tienes que abandonar ese equipo por decisión de la dirección del mismo, y no puedes cambiarla, ellos creen que ya no le aportas al equipo lo que antes hacías, los avatares del tiempo señalan que ya no rindes lo mismo que antes. Entonces puedes ir a otro equipo de menor escala, cambiar de liga, dejar los campos de juego y pasar al otro lado de la línea como entrenador, en fin, muchas opciones… pero no son lo que te apasionaba de estar allí, a ti te gustaba vestir esa camiseta en el campo de juego. Es allí entonces que estás descontento, contrariado, no te apasiona la idea de pisar el campo de juego con otra camiseta o cumplir otra función, es entonces que debes decidir que harás, porque eso te está haciendo daño, mental y anímicamente, a ti y a todos los que te rodean debido a las actitudes negativas que comienzas a tener… ¿no lo crees? ¿en alguna ocasión te ha sucedido algo similar?

Sigamos entonces con la historia de nuestro protagonista…

Su mayor molestia y temor radicaba en que él era consciente que su vida profesional no volvería a ser la misma de antes, no existían oportunidades para volver atrás, pronto ascendería a la Jerarquía de Mayor y con ello las oficinas se convertirían en su nueva y única realidad. En su cabeza, en su pecho y en su sentir más profundo, entendía que ese hombre no era él, nunca había soñado con ser eso, un oficinista militar, no tenía atractivo para él, creía que su ciclo ya había culminado, que las puertas dentro de su carrera se habían cerrado y que la cima que él anhelaba ya la había alcanzado, no quería decir que esto fuese del todo cierto, no lo es para todo el mundo, pero así lo era para él, así era su sentir en ese preciso momento, y no lograba quitar esas ideas de su mente.

Claramente su carrera era algo más que un trabajo para él, era su vocación, su forma de vida, gran parte de sus sueños. Se había proyectado tantas metas y objetivos sin tener en cuenta que el tiempo pasa y transcurre tal cual un río que cae desde una pendiente y no podemos demorarlo, detenerlo, ni mucho menos evitarlo. Muchas veces solemos elegir una carrera tanto sea universitaria, técnica, profesional, empresarial, laboral, sea el ejemplo que sea esto no cambia la idea, y nos proyectamos en ella de forma idealista acorde nuestros objetivos soñados, sin tener en cuenta que la afectación del transcurso de los años nos irá modificando, queramos o no, a nosotros mismos y a varias características de esa carrera, así como también lo hacen un sin número de variables que el tiempo trae consigo a razón de situaciones y recursos. A no ser que nos quedemos estancados en el tiempo, simbólicamente poniéndole pausa tal cual lo hacemos con una película o serie, o no logremos superarnos a razón de cargos, puestos o jerarquías, las cosas cambiarán queramos o no. Es allí que suele suceder que en algún momento nos encontramos parados o varados en un lugar que nunca quisimos estar, que no imaginábamos, que no pretendíamos, o que evitamos pensar que podríamos estar. Quizás especulábamos que tardaríamos más tiempo en llegar, tal vez hasta pensábamos inclusive que ya no deberíamos de estar allí, que deberíamos de haber saltado a otra posición mejor o superior, pero que acorde a los avatares de la profesión llegamos a ocupar y nos mantenemos ocupando. Es entonces que al darnos cuenta de esa situación podemos entrar en algún estado de depresión, de insatisfacción, las dudas pueden apoderarse de nosotros, los miedos y la incertidumbre, las cosas no están sucediéndose como lo habíamos imaginado, soñado y planificado. Todo se vuelve opaco, lúgubre, complicado y cansino, nos volvemos inseguros, negativos e insatisfechos, y generalmente no hacemos nada para cambiarlo. Pasamos el tiempo quejándonos y resignándonos a que esto fue lo que la vida y el destino me depararon para mí, nos victimizamos, vibramos en escasez, como si no fuéramos dueños de nuestra propia vida y decisiones. Claro que también podríamos adaptarnos a los cambios, esto es algo que actualmente nos cuesta y mucho a casi todas las personas, salir de nuestro lugar de confort, aunque no estemos felices con este, nos resignamos a lo triste pero conocido, en esta clase de vida socialmente correcta, globalizada y aprobada. Debemos comprender que el universo y todo en él transcurre a diario con constantes cambios, es más, lo único constante en esta vida son los cambios. Obviamente nos resulta más fácil adaptarnos a ellos si estamos transitando el camino que deseamos transitar, sin embargo, si no es así y sabemos que el actual no nos conducirá al destino que anhelamos, generalmente como te lo mencionaba anteriormente y te invito a mirar a tu alrededor, nos quejaremos, pero nos resignaremos a lo mismo, por comodidad no querremos adaptarnos a ningún cambio, y te aseguro que queramos o no los cambios resultan incomodos. Entonces si bien no queremos estar allí, permaneceremos en el mismo lugar y no tendremos las agallas siquiera para intentar cambiar de rumbo.

Como suele suceder, las personas no pueden abstraerse de los problemas, inconvenientes o discrepancias que tengan en su vida laboral y los trasladan directamente dentro de su hogar. Visiblemente esto no quiere decir que los problemas que en lo laboral se sucedan deba llevarlos al hogar, al contrario, porque generalmente solemos llevar los mismos al hogar y generar problemas donde no los hay, culpar a quienes no tienen la culpa, hacer a nuestras parejas, a nuestros hijos, nuestros padres, rehenes de una situación que no tienen por qué vivir ni soportar, y claro, hacerlos responsables de gran forma de nuestra desgracia aunque nada tengan que ver. Siempre será más fácil culpar a quien sabemos nos tiene un amor incondicional y seguirán a nuestro lado pase lo que pase, que asumir nosotros la culpa y la rienda de nuestras vidas y decisiones. Es por esta razón que las personas suelen centralizar sus quejas y enojos dentro de su familia, y así lo hizo David, llevo sus conflictos existenciales en referencia al descontento con su vida profesional y laboral al seno del hogar, su constante mal humor, desazón y mala disposición irrumpieron fuerte y negativamente en el aura de ese hogar, desdichando la vida de todos quienes vivían bajo el mismo techo, como si existiera una nube negra constantemente atormentándolos, tan solo a ese hogar y a quienes vivían en él. Los hizo rehenes de su triste situación, de los problemas y dudas que poseía en su interior y le aquejaban.

Sin lugar a dudas estas eran épocas turbulentas para el Capitán, no lograba encontrar el rumbo que había perdido, en su carrera y vida laboral, como en su propio hogar, con su familia y amigos. Cuando se miraba al espejo cada mañana mientras se afeitaba veía un hombre infeliz, cansado, avejentado, desmotivado con ir a trabajar, porque ahora este ya se había convertido tan solo en un simple trabajo, donde debemos cumplir con nuestro horario y obligaciones básicas para ganarnos el sueldo, salario que nos permita mantener nuestro estilo de vida, meramente marcar tarjeta. Ya no sentía el amor a su profesión en su piel, ya no respiraba el dulce aroma del éxito que antes lo acompañaba. Es así que había dejado de hacer actividades físicas y de instrucción, tanto que su abdomen y rostro eran reflejo de ello, las canas se estaban apoderando de su cabello e inclusive cada día tenía menos porque se le caía o demoraba más de lo usual en crecerle, posiblemente por el estrés. Había crecido algunos talles en sus pantalones y camisas, ya siquiera se preocupaba por lustrar sus zapatos ni planchar su uniforme, estaba despreocupado con su entera imagen, lucía indiferente, realmente se sentía y estaba avejentado, física, mental y por sobre todo anímicamente. En su oficina se la pasaba bebiendo café y comiendo algunas masas sentado en una silla, sedentario, encorvado, mirando continuamente la hora esperando que terminase su jornada laboral, leyendo papeles, corrigiendo algunos oficios, firmando documentos, participando de reuniones en las cuales los únicos temas de conversación eran administrativos o logísticos, temas que no eran de su interés. Lo más similar a pisar el césped con las botas que tenía a diario, era pisar el césped de lado del estacionamiento donde aparcaba su automóvil, claro que con sus zapatos mal lustrados. Los días de servicio se habían convertido para él en no más que marcar tarjeta como te mencioné unos párrafos atrás, controlar en su reloj la hora de entrada y salida para cumplir, simplemente por cumplir.

Su humor había cambiado drásticamente, no solo en su hogar o en su ambiente laboral, en todos lados, con sus amigos, vecinos y a los comercios del barrio donde solía concurrir y antes era la viva imagen de la caballerosidad y simpatía. Antes solía ser quien llevaba la alegría y las bromas, su simpatía emergía de su rostro tan naturalmente que llenaba de regocijo a las demás personas que lo rodeaban, exageradamente bromista, así solía decirle su hija. En los comercios del barrio los empleados esperaban su visita diaria o semanal para saludarlo e intercambiar alguna broma, fue un personaje muy apreciado y querido hasta ese entonces, pero ya no era el mismo, ya no era el mismo de antes, y nadie mejor que él lo sabía. Las personas solían susurrar y murmuran a sus espaldas preguntándose que le había pasado a ese hombre, que actualmente era la sombra de aquel que fuera. Él no encontraba un rumbo, pareciera que las tinieblas y los fantasmas de estas se hubiesen apoderado de ese buen, apasionado y laborioso hombre que un día fue. Hasta él mismo creía que nada de ese hombre quedaba hoy en día dentro de él, tampoco tenía esperanzas o ambiciones de buscarlo y encontrarlo, sentía que el mundo lo había arrollado y no podría salir de ahí, consideraba que el destino le había deparado eso y no podría cambiarlo, no creía tener las agallas ni fuerzas para hacerlo, no podía mirar fuera de esa realidad, abstraerse de sus vivencias para analizar desde fuera que le estaba ocurriendo, estaba totalmente sumergido y ahogándose en su propia desgracia, negatividad y pesimismo.

Era un hombre descontento, despreocupado, y herido tanto en lo mental como en lo espiritual y emocional, y claro que físicamente se había venido abajo, ya no parecía gozar de la buena salud y vigor que siempre lo caracterizaron, ya no parecía una persona joven, al contrario, parecía un viejo cascarrabias. Todo el tiempo criticaba negativamente a los demás, nunca a él mismo, todos eran culpables, todos estaban equivocados, nadie ni nada era suficiente para él, siquiera su familia y amigos. Quien lo viera diría que su viejo yo y el actual, eran dos personas diferentes, opuestas y contrariadas, o hasta quizás que su propia alma había abandonado el cuerpo.

Los minutos y las horas pasaban, y con ellos los días se terminaban, veía pasar tal cual frente a una ventana la vida que tanto había anhelado y ahora se alejaba de él, sin poder hacer nada para detenerla. Sin embargo, la semilla que un día su amigo sembró en esa conversación seguía viva en él, esa voz interior cada día y cada noche pareciera quererse hacer un lugar en su cabeza para hacerse oír. Creo que era más su temor a fallar y al cambio, lo que lo detenía, que las propias realidades que transcurrían a su alrededor, es como si él mismo se pusiera murallas que le cerrasen los caminos y lo separasen de sus propias metas, que lo acorralasen, quizás la vergüenza de tener que decir basta y dar vuelta la página, o esa necesidad de tener que dar explicaciones y justificaciones innecesarias que solemos tener las personas, tal vez más a él mismo que a las demás personas. No lo sé ciertamente, pero creo que así fue, y creo que así suele sucederle a las personas cuando se ven atrapadas en una encrucijada donde deben tomar decisiones que los saquen de su zona de confort, de su círculo seguro, de su rutina y conformismo. Es entonces que al recorrer los caminos y las calles donde sea que fuese, su caminar era cansino reflejándose en él un hombre envejecido y desmejorado, su mirada pareciera perdida, ya no disfrutaba de las cosas simples de la vida, aunque a veces el vuelo libre de algún ave le llamaba la atención y la miraba con añoranza y nostalgia. Todo el tiempo estaba pensando sobre su amargo presente y su futuro incierto, siempre negativamente, aunque generalmente no con la claridad necesaria, analizando las circunstancias que lo llevaron a esto como si pudiese modificarlas, analizando sus circunstancias actuales y prediciendo las no alentadoras futuras, poniendo el condimento de la negatividad y frustración en cada conclusión que sacase, buscando culpables y echándole responsabilidades a la mala suerte y al mundo entero que conspiraba contra él, al destino y al propio DIOS, como si este quisiera que él fuese desdichado.

Ya habiendo transcurrido un tiempo bastante largo en esta situación emocional, moral e intelectual que lo tenía a mal traer, bajo ese manto de incertidumbre, negatividad, frustración, mal humor, insatisfacción, desdicha, y podría seguir sumando adjetivos de estas características, que lo cubrían y llevaba consigo a todos lados. Era una tarde como cualquier otra, una más, nada que resaltar había sucedido durante ese día, como la fría rutina lo marcaba había ido a trabajar y vuelto a casa. Es así que en esa tarde ya vuelto del trabajo había salido a pie desde su casa a realizar las compras habituales en la tienda del barrio, nada raro ni peculiar, algunos víveres para la confección de la cena y del desayuno de la mañana entrante. Su caminar era cansino y avejentado, su cara no esbozaba más que los gestos de un hombre insatisfecho e infeliz, hasta pareciera que murmuraba despotricando para sí mismo con cada paso, la vida pareciera que le pesaba y desdichaba, sin embargo, aún era muy joven, pero así parecía. Entró a la tienda, juntó en un carro los productos que estaban en la lista detallada por su esposa, se dirigió a la caja y sin cruzar palabra alguna con la cajera pagó la cuenta, metió los productos en su bolsa de viajero y se retiró del local, de la misma forma que había ingresado, sin penas ni glorias. Mientras caminaba hacia su casa con el mismo paso cansino y por el mismo camino de vuelta, en un momento cualquiera levantó su mirada sin causa alguna, ya que generalmente transitaba mirando hacia abajo, al suelo, casi como si pareciera tener vergüenza de sí mismo. Es así que ese día al levantar su mentón y su mirada, observó un ave parada en la rama de un joven Roble sobre la acera de la avenida, esta le llamó la atención al punto que sus miradas se cruzaron casi como si ella estuviese ahí esperando verlo pasar, como si ese momento estuviese escrito por las manos del mismísimo universo destinándolos a encontrarse. Es así que se detuvo y allí permaneció observándola.

Ese día prestó atención donde nunca antes lo había hecho, esta ave pareciera ya adentrada en edad, pero se encontraba cambiando su plumaje, se veía en ella soltarse al viento naturalmente el viejo grisáceo plumaje cambiándolo por uno más colorido, nuevo y más brillante, era una Golondrina azul, ave viajera que suele andar en bandadas buscando las estaciones de calor, pero esta estaba sola. Unos segundos transcurrieron como si el tiempo se hubiese detenido a su alrededor, segundos que parecieron eternos mientras ambos se miraban fijamente el uno al otro, hasta que ella abrió sus alas espléndidamente y se echó a volar libre por los aires, a favor del viento. Luego de apreciarla durante unos segundos como pareciera bailotear alegre y libre por los aires, alejándose y desapareciéndose en el horizonte, sabiendo cuál era su rumbo y destino, él suspiró y sus ojos se llenaron de emociones tanto como lágrimas, los cerró unos segundos mientras inhalaba profundamente el puro aire de una tarde primaveral, llenando su pecho de ese momento, sintiendo en su mismísima piel esa sensación de libertad y alegría, haciéndola propia. Era como si su alma joven y perdida le hubiese vuelto al cuerpo, continuó allí unos minutos más disfrutando de ese momento, mirando al cielo y respirando profundamente. Luego continuó su caminar rumbo a su casa, pero ya no era un caminar cansino, sus pasos eran firmes y ágiles, parecía otro hombre, ese momento, ese pequeño pero profundo y significativo momento, cambió algo en él casi sin darse cuenta, ese sencillo y corto instante le hizo volver el alma al cuerpo. Fue un momento, tan solo un momento el que causó eso, el que dio comienzo al cambio, fue una señal, así como tantas otras que suelen aparecer en nuestro camino y generalmente las obviamos hasta que las cosas suceden, y recién allí las recordamos y nos culpamos por no haberlas tenido en cuenta o dado importancia.

Esa misma noche y luego de varias noches de reflexiones, de pensamientos e ideas que se sucedían en su mente, comprendió plenamente que las personas somos responsables por solucionar, modificar y transformar lo que se encuentra a nuestro alcance, que somos los únicos y absolutos responsables de nuestras vidas, que debemos dejar de quejarnos por aquello que no podemos modificar y lamentablemente le dedicábamos grandes cantidades de tiempo y esfuerzo innecesariamente. *«Soy el único responsable de mi vida»* se repetía en una voz baja, casi imperceptible, una y otra vez. Es entonces que tomó la decisión que tanto había temido tomar, la que no tenía el coraje de ejecutar, esa que hacía tiempo venía especulando y analizando. Sin embargo, nunca se había animado a cambiar de rumbo, aunque tenía ideas nuevas sobre su futuro, quería cambiar su presente, cambiar de profesión, buscar nuevas aventuras y proyectos, quería reencontrarse con ese hombre aventurero y emprendedor, ese hombre que continuamente se ponía nuevos objetivos por conseguir. Ese hombre lleno de sueños por alcanzar, de metas por cumplir, lleno de energía y vitalidad, esa alma joven que ansiaba la libertad. Esa noche había decidido salir de su zona de confort, había tomado la decisión de arriesgarse al cambio y a las nuevas oportunidades que se le presentaran, oportunidades que él mismo buscaría. Esa noche había vuelto a sentirse seguro consigo mismo, había vuelto a soñar. Ya no le importaban las críticas negativas, vengan de donde vengan, ya no le importaba el qué dirán, o lo que pensaren, solo le importaba lo que él quería y lo hacía feliz.

Claro que viviendo en pareja, siendo esposo y padre, buscaría la aprobación de su esposa con quien ya lo había discutido en buenos términos alguna que otra vez. Ella prefería que él siguiera manteniendo un trabajo estable y seguro, con un sueldo que era ajustado pero que les permitía vivir dignamente, mantener su estilo de vida y rutinas, pagar la renta y la hipoteca, la cuota del colegio e inclusive darse algunos gustos de vez en cuando, aunque fuesen mínimos. Claro que ese trabajo seguro le permitiría asegurarse un retiro digno luego de los más de treinta años de servicio que debería de prestar, ni más ni menos que lo que la mayoría de las personas pretenden, un trabajo seguro, estable, con un también seguro retiro, siendo así rehén del tiempo y del dinero que no hacen más que atarnos a las limitaciones que estos poseen. Sin embargo, ella siempre lo apoyó en cada decisión que el tomase y por lo tanto esta no sería la excepción a la regla, no aprobaba esta decisión por completo y por eso le aconsejaba que lo meditase lo máximo posible, que no se tirase al río sin antes asegurarse que hubiese agua en él, pero más allá de todo, lo apoyaba, si esta decisión fortalecería nuevamente los lazos familiares y su relación como pareja, lo apoyaría como siempre lo hizo. Ella ya reconocía la mirada de ese hombre, había vuelto de cierta manera a ver los ojos del hombre fuerte y seguro de sí mismo que un día la conquistó y enamoró, un hombre con firmes convicciones e ideales, con determinación y coraje, ese que la desposó. Tan así que ella de igual forma sabía que le sería muy difícil, por no llamarlo casi imposible, hacerle cambiar de opinión, cuando él tomaba una decisión firme y meditada no había quien pudiese hacerlo cambiar de parecer.

Diferente le ocurría con sus padres, siempre lo apoyaron durante su carrera, mientras que no se desviase de lo que la mayoría realiza, de lo seguro. No obstante, en esta ocasión al ser tan inseguros y ostentando las viejas creencias del trabajo seguro y estable de antaño, ese que te exigía trabajar hasta que los huesos dolieran y ya no hubiese mucho tiempo para disfrutar del retiro, ese que traía consigo una jubilación delgada pero segura y si era por ser empleado público mejor aún. Ellos no lo aprobaban para nada, e inclusive se encontraban con un gran descontento, casi como si su hijo les estuviera fallando, ya dando por hecho que le iría mal, *«más vale un pájaro en mano que mil volando»* repetía su madre constantemente. Su padre no ocultaba su enojo en el rostro, su decepción, a pesar de esto alguna vez con alguna copa de más, en una cálida noche de verano, pisando las suaves arenas de una playa veraniega, le dijo que debería siempre buscar su felicidad y que esta sería la de toda la familia. Si recuerdas al principio de la historia te mencioné que sus padres pensaban de esta manera dadas las experiencias negativas que habían tenido en sus emprendimientos, y los hijos lamentablemente solemos ser rehenes de las creencias de nuestros padres, que seguramente en la gran mayoría de las ocasiones no lo hacen persiguiendo fines negativos, al contrario, lo hacen de buena fe, sin embargo, nos transfieren sus temores y nosotros los hacemos propios. Así ocurre generalmente y las personas se mantienen de esta manera durante el resto de sus vidas, pasando estos de generación en generación, hasta que con suerte, si existiera el caso, alguien de la familia decide romper estos patrones mentales, desatando las ataduras y alcanzando desprenderse de las creencias limitantes con las cuales fue educado y moldeado... recuerda que las personas se construyen a sí mismas, por lo que hacen y también por lo que no hacen.

Esa noche se acostó sabiendo que al día siguiente se despertaría y no sería un día más, ese día se apersonaría frente a su Jefe para pedirle el retiro de las Fuerzas Armadas, claro que le preocupaba abandonar su actual y estable empleo, es normal que así sea, porque es difícil adaptarse a los cambios y más cuando realmente desconocemos que nos deparará el futuro, pero esta vez, a diferencia del cambio que tuvo impuesto por el scrvicio, donde cambió su rutina diaria de entrenar bravos soldados a oficinista, ese que le causó oposición y rechazo en su mente y espíritu, este era opcional, este había sido decidido por él mismo, abandonando sus temores, y buscando a partir de ello que su vida diera un vuelco, un cambio de rumbo, que su vida tomara un nuevo camino. Ese día el Capitán había logrado desatar algunos de los nudos que lo ataban y no le permitían avanzar, no todos, pero si algunos.

Hacía muchos años que no salía al mercado a buscar oportunidades, largos años inmerso en una realidad que no era la misma a la cual se enfrentaría, pero la decisión ya estaba tomada y se acostó pensando en ella toda la noche casi sin poder dormirse, y sintiendo como cada minuto se hacía eterno, y en su mente las dudas y temores renacían tal cual enemigos con los cuales debería luchar durante horas, para que no lo vencieran.

Hace ya unos tres o cuatro años atrás, cuando disfrutaba de la lectura, había leído el libro «Piense y hágase Rico» de Napoleón Hill, pero no fue hasta ahora que comprendió cabalmente lo que menciona en uno de sus capítulos, el Capítulo XV para ser más exactos, donde dice que los tres enemigos que debemos vencer para alcanzar el éxito y comenzar a pensar positivamente son: la indecisión, la duda y el miedo. Recién ahora lo comprendió, esas palabras volvieron a su mente mientras dormía, porque todo en la vida cuando alineamos nuestros pensamientos con nuestras emociones llega a su debido tiempo, lo que antes quizás no comprendíamos en esos momentos se nos clarifica.

Se despertó en la mañana más temprano que de costumbre, eran las 5 AM, fue a la cocina como solía hacer antes de adoptar las costumbres insanas de sus últimos meses, y bebió dos vasos de agua, purificándose, como lo hacía en esos tiempos cuando disfrutaba de cada día que comenzaba, cuando estaba acostumbrado a hidratarse cada mañana al despertar. Mientras tanto veía por las ventanas como aparecían los primeros rayos de luz y disfrutó de ese momento como hacía tiempo no lo hacía. Luego tomó una ducha fría, se afeitó minuciosa y detalladamente, agarró su uniforme de paseo, planchó el pantalón y la camisa, lustró sus zapatos para que brillasen nuevamente al máximo que pudiesen. Ya uniformado y listo para partir, fue a su dormitorio y beso a su esposa en la frente, susurrándole un «*te amo*», luego se dirigió al dormitorio de cada uno de sus hijos, los arropó y les besó en la mejilla. Posteriormente, ya en el living, alcanzó su billetera, la llave del automóvil, y salió de su hogar tal cual un triunfador cuando sabe que alcanzará su meta, sin que nadie ni nada pudiese afectarlo o detenerlo.

Al llegar a su oficina, como hacía mucho tiempo que no hacía, sonrió y saludó a todos los presentes, y a todos los que se cruzase hasta llegar a ella, llamándolos por su nombre. Ya en su despacho, sacó de un cajón de su escritorio el formulario de retiro polvoriento que hacía meses tenía guardado y escondido en el mismo, hoy vería la luz ese documento tan importante que él mismo había hecho con una intención que el temor y la inseguridad no le permitieron exponerlo, ese que a diario lo veía cuando abría conscientemente ese cajón, pero rápidamente volvía a cerrarlo luego de lamentarse por su falta de coraje. Lo tomó con ambas manos, lo apoyó sobre su escritorio, empuñó un bolígrafo, le puso fecha donde antes había dejado en blanco, y lo rubricó. Suspiró unas veces, sonrió para sí mismo y sin pensarlo mucho, se dio la vuelta y salió de su oficina con este documento en mano, tomó el pasillo rumbo a la oficina de su Jefe dando pasos firmes y seguros, se paró frente a su puerta y allí se detuvo unos instantes con la mano derecha alzada, esperando la orden de su mente de golpearla, unos instantes más y unos suspiros, las ideas y sensaciones se sentían en la piel, la lucha de voces enfrentadas e intenciones encontradas en su cabeza se sucedían bruscamente, suspiró nuevamente mientras cerraba y abría sus ojos mandando acallar ambas y ordenándolas salir de su mente, ya que él había tomado las riendas de su vida y no necesitaba de estas para decirle nada al respecto. Luego de unos instantes que pareciera haberse detenido el tiempo, casi eternos, en los que sabía que luego de tocar a esa puerta no habría paso atrás, golpeó firmemente la puerta de su jefe, y cuando este contestó del otro lado de la misma invitando a pasar, es entonces que tomó el coraje necesario e ingresó, dando pasos firmes con el pecho erguido y la cabeza en altas. No sabía de antemano como su jefe reaccionaría a la noticia, desconocía las reacciones y los efectos que esta acción generaría, siquiera lo pensó, estas incertidumbres no lo asustaron ni detuvieron. La conversación transcurrió amenamente, fueron varios minutos de charla tomando un café mediante, su jefe, que no solo era un buen superior, sino que por sobre todo, un buen hombre, trató por todos los medios y palabras de hacerlo cambiar de opinión, David era una persona respetada y apreciada por su inteligencia, dedicación, y principalmente por su espíritu de cuerpo y colaboración, era un hombre de confianza, no solo para sus superiores sino que principalmente para sus pares y subalternos. Pero no desistió en la decisión que había tomado, fue firme y mantuvo su convicción, no había marcha atrás posible, nada lo haría cambiar de parecer, no esta vez, no ahora.

Si esta decisión fue la correcta o no, no estaba en discusión, no entraba en el juego que comenzaba a jugarse, ya la había tomado luego de muchos segundos, minutos, horas, días y meses de reflexión, días y noches de pensamientos, luego de mucho tiempo intentando encontrar el camino, encontrarse a sí mismo, que fue y es siempre lo más difícil de hallar. Por muchos años se consideró y visualizó como una persona netamente segura de sí mismo, y eso transmitió a los demás, y luego por muchos meses dejó de verse y sentirse así, y también lo transmitió y evidenció, no obstante, ahora creyó volver a ser el de antes, se convenció de eso, y como consecuencia esta fue la decisión que tomo, dar vuelta la página, cerrar una puerta y abrir otra para volver a empezar.

Esto no significó un borrón y cuenta nueva, claro que no, todo lo que fue e hizo es lo que lo condujo hasta ese momento y lugar, todas sus experiencias y vivencias, sus aciertos y errores, todo lo que lo acompañó en su camino estaba cargado en sus hombros, acompañándolo en esa mochila que llevamos durante el camino de nuestras vidas. Cada paso que dio fue continuación de aquellos que lo precedieron, cada suspiro fue consecuencia del aire que antes respiró, cada día vino luego del anterior y como consecuencia de este, pero cada día es indudablemente una nueva oportunidad para seguir adelante, para buscar alcanzar nuevos sueños y metas. Dar vuelta la página para volver a empezar nunca significó, significa ni significará borrar las anteriores, mucho menos arrancarlas del libro de nuestras vidas, el que estamos escribiendo desde el día que nacimos, es en realidad ponerle punto final a un capítulo que no queremos volver a revivir o seguir viviendo, decidiendo darlo por terminado, y comenzar uno nuevo, desde el principio, debiendo quedarnos siempre en claro que este nuevo capítulo no existiría si no hubiese existido el anterior.

Es entonces que esta vez y como tantas otras anteriores que parecieran haber quedado en el pasado, en el olvido, siguió su intuición, como si un radar lo guiara y ayudara a dar el paso adecuado, a seguir el camino correcto, ella nunca le había fallado e inclusive siempre la manifestó y respetó, era su voz interior. Por mucho tiempo trató de no escucharla, es más, en realidad la calló, taponeó su voz interior, le prohibió hablar, no quería escucharla, sabía que ella le diría las palabras que no quería escuchar, tenía en claro que le manifestaría la necesidad de hacer cambios en su accionar y en su vida, por eso hizo todo lo posible por mantenerse en su falsa comodidad emocional e intelectual y evitarla a toda costa. Quizás eso te parezca conocido.

A pesar de ello, en esas noches de reflexión volvió a pedirle y suplicarle que le hablara, volvió a escuchar y sentir las corazonadas que lo guiaban a tomar las mejores decisiones, volvió a confiar en sí mismo, ya que la intuición no es más que la voz del alma, la voz de uno mismo, somos nosotros mismos que nos hablamos e intentamos pasar de las ideas en nuestra mente a materializarlas en el mundo físico, somos nosotros mismos gritando…

«Quiero salir, quiero ser feliz, quiero ser libre, toma este camino, haz esto o lo otro, ese no eres tú, este no soy yo, que estoy haciendo aquí, la vida es una sola y la estas desperdiciando, ¡hey! Yo soy tú y tu eres yo, ¡escúchame!, sal de tu zona de falso confort, donde no haces más que ahogarte lentamente en un río donde el agua no te llega más que a la altura de tus rodillas, levántate hombre, ponte en andas, ¡sálvate!, ¡sálvanos!»

Las razones que impulsan los verdaderos cambios, los profundos desde las raíces, no son ni más ni menos que los motivos, los motivos mueven montañas, abren aguas profundas, dan alas para volar, hacen lo imposible posible y lo inalcanzable al alcance de tus manos… la motivación nos impulsa a realizar acciones y asumir riesgos que de otra forma no estaríamos dispuestos a realizar. Si no poseemos un verdadero motivo para alcanzar un objetivo, y no depositamos en este nuestras esperanzas y emociones por alcanzarlo, el lograrlo no nos llenará en lo absoluto, y por ello muchas veces las personas siguen y siguen obteniendo cosas y nunca logran saciarse o conformarse, nunca logran ser felices ya que el motivo no los llena, juntan trofeos en sus repisas, uno tras otro, pero no alcanzan jamás disfrutarlos, no se emocionan, no sienten nada, simplemente es un logro más, un premio más. David poseía un motivo muy fuerte, antes que nada, encontrarse a sí mismo, o reencontrarse así mismo tal vez, alcanzar la felicidad que había olvidado, darles a sus hijos el mejor padre, a su esposa el mejor marido, a sus amigos el mejor compañero y a toda su familia la prosperidad anhelada alcanzando sus sueños.

«LA HABILIDAD MÁS VALIOSA QUE SE PUEDE DESARROLLAR ES LA HABILIDAD

DE DIRIGIR LOS PENSAMIENTOS HACIA LO QUE SE DESEA, Y DEDICARLE

ATENCIÓN ABSOLUTA.»

ESTHER HICKS

III. CAMBIANDO DE RUMBO

Cuando cambias tu forma de ver y percibir el mundo, tu mundo cambia, y comienzas a descubrir lo maravilloso que es y no lo sabías.

En su nueva etapa, al salir a ese mundo un poco desconocido para él, era casi como encontrarse en una selva donde nunca haya estado, aunque si ha podido escuchar de ella durante algún tiempo o tal vez tenía algún vago recuerdo del pasado, conocía de su existencia, sabía que en ella habitaban toda clase de fieras pero al mismo tiempo bellas oportunidades y recursos por aprovechar, había de todo y muy variado en ella, y él entendía que era parte de ese todo también, ahora lo era, en ella tenía que echar raíces, tenía que convertirse no solo en uno más de ella, tenía que volverse una fiera indomable, una que todos respetasen no por temor sino que por su esencia. Allí en sus primeros pasos se encontró perdido, como a todos nos sucede al principio cuando emprendemos un nuevo viaje en terreno desconocido, ya su brújula no le marcaba el camino exacto, las estrellas no le señalaban el Norte y el Sur tan claramente como antes, debió cambiar su uniforme por otras prendas, *desvestirse para volverse a vestir*, y no con esto me refiero propiamente a las vestimentas, en realidad lo hago refiriéndome a todo lo concerniente a su estructura mental, emocional y profesional, debía reconocer e identificar que en esta nueva etapa y en este nuevo rumbo debería dejar de lado todos los prejuicios y estructuras mentales estrictas que podía poseer y le dificultasen su nuevo caminar, aquellas que pudiesen significarle obstáculos o trabas, debía enfrentarse a los cambios innegables que se sucederían aunque no quisiera hacerlo o sintiese que no estuviese preparado para afrontarlos, adaptarse a ellos y también cambiar él. Esto se sucedía como las nuevas experiencias que uno vive en su infancia, descubriendo nuevas cosas, comprendiendo que debía transformarse de alguna forma, debía ser flexible a los cambios que se sucederían, sabía que debía serlo, pero claro que no es fácil abandonar las rutinas habituales donde uno se siente tan cómodo, confiado, seguro. Por más que uno se predisponga a hacerlo y se esfuerce, no por ello se vuelve sencillo. No querer comprender que debemos enfrentarnos y adaptarnos a los cambios, generará en nosotros una negación de su existencia, y por lo tanto continuaremos realizando las mismas acciones que no nos conducirán a ningún otro lado más que al mismo fracaso, mismas acciones equivalen a mismos resultados, mismas causas provocan mismos efectos, una y otra vez al mismo fracaso, una y otra vez nos toparemos de frente con la misma pared, claro, en esos momentos solemos pensar que esto es una injusticia, esto no puede ni debe sucederme a mí, ¿cómo puede sucederme a mí? pero se sucederá y seguirá sucediéndose hasta que no cambiemos nuestra óptica de ver esa realidad y modifiquemos nuestro accionar frente a ella. En este sentido debemos ser como los niños, que cuando son bebes y quieren echarse a caminar, cuando se paran se tambalean y se caen, se ponen a llorar, pero luego vuelven a intentarlo, vuelven a caer y a llorar, pero siguen intentándolo, una y otra vez hasta permanecer de pie, luego lo mismo cuando dan los primeros pasos, caen, lloran, se vuelven a parar y nuevamente a intentarlo hasta lograrlo, así es la vida. Nuestro instinto nos lleva a superarnos y por ello debemos saber escucharlo, no detenernos, seguir adelante, ser como niños, ellos no suelen rendirse fácilmente, quizás unos días dejaran de intentarlo porque claro que tendrán temor o dolor, pero tarde o temprano volverán a intentarlo, son obstinados, testarudos, es parte de su crecimiento y evolución, su instinto de supervivencia, porque siguen soñando que lo lograrán, los adultos solemos dejar de soñar y por ello luego de unos cuantos golpes dejamos de intentarlo, quizás el próximo intento sería el exitoso pero nunca lo sabremos si dejamos de intentarlo, debemos ser más como los niños, seguir intentándolo hasta conseguirlo, mantener la ilusión. David siempre recordó varias de las frases que algunos de sus instructores le repetían durante su entrenamiento, cuando era aún un joven cadete, un joven muchacho, muchas que él mismo usó luego con aquellos jóvenes a los cuales debía de instruir y entrenar. Sucede muchas veces que solemos pensar que aún no poseemos los conocimientos necesarios y la suficiente experiencia, sin embargo, nos cuesta darnos cuenta que las herramientas que necesitamos ya están con nosotros, solo debemos buscar dentro de ese bolso que vamos llenando con los años y las experiencias, y usarlas. Una de esas tantas frases que continuamente un veterano Líder que había dedicado gran parte de su vida y su carrera a instruir jóvenes Oficiales, que le repetía a él y sus camaradas, era la siguiente:

«Señores, ustedes se convertirán en aquello que piensan todo el tiempo, ya que su mente lo materializa en actitudes diarias, por eso deben pensar en su meta al levantarse, durante el transcurso del día y antes de ir a dormir. Deben pensar como Líderes, deben sentirse Líderes, deben percibirse como Líderes, actuar como Líderes, y entonces lo serán. Ustedes son los Líderes del mañana, jóvenes cadetes, ¡convénzanse de ello!»

Como no recordarla, era una de sus arengas favoritas, amaba escucharla, claro que tan joven no la comprendía en su cabalidad, aunque estaba seguro que funcionaba tanto para él como para sus camaradas, y ahora aún tampoco lograba comprenderla del todo, pero siempre llega el día donde uno logra comprenderlas, de alguna u otra forma algo sucede y allí casi como una lamparita que se enciende las ideas y soluciones se vienen a la mente. ¿Nunca de ha sucedido esto? He aquí que debemos entender que las cosas no suceden en un momento porque era el momento y el lugar indicado, por arte de magia o suerte, no es así, eso es falso, si estamos allí en ese momento es porque recorrimos un camino que nos llevó allí en ese momento dado, por ello el éxito no es la meta alcanzada, ni el fracaso el hecho doloroso o la circunstancia desfavorable misma, ambos son el camino que recorremos hacia ellos y los tienen como desenlace de ese camino, como dice un viejo y conocido dicho que está escrito de una u otra forma en variados libros añejos «*El que busca, encuentra*».

Es así que se dio cuenta que debía reinventarse, adecuándose a la nueva realidad que le tocaría vivir, para que todos esos conocimientos le fuesen fructíferos en esta nueva etapa que tenía por delante, su camino había cambiado de dirección porque él había tomado la decisión de hacerlo, y como consecuencia debería de adecuarse a este. Aunque claro, cada uno forja su camino al andar, por ello él sabía que de nadie más que de él mismo dependían los éxitos que iría sembrando y luego cosechando, el sería el único responsable de sus triunfos y sus derrotas, como siempre lo fue, aunque durante un tiempo lo había olvidado, y es así que con mucho entusiasmo y fe, salió en busca de esos nuevos horizontes.

Ya en esas últimas jornadas mientras se encontraba meditando su pase a retiro, había comenzado a buscar y sondear por diferentes opciones laborales, no era fácil claramente, para nadie lo es, y quizás más aún cuando uno debe reinsertarse en el mercado laboral luego de cierta edad, quizás no tan joven, cambiando de rubro, y sin un currículum académico que lo abalase y en galardonara. En su caso particular (todos los casos son particulares y únicos), habiéndose dedicado a algo muy específico y diferente al resto de la actividad civil, sin embargo, estaba convencido que su experiencia a cargo de recursos humanos, recursos logísticos, trabajo en equipo, habilidades oratorias, manejo del estrés, dedicación incondicional, valores de honorabilidad y hombría de bien, y por sobre todo liderazgo, le servirían de mucho. Ahora, ¿por dónde comenzar a buscar?, esto tampoco es fácil cuando no se está convencido del todo de cuál es el camino que uno quiere tomar.

Unos días luego de haberse apersonado en la Oficina de su jefe, y cuando su retiro se encontraba en trámite, ya descansado en la paz de su hogar, habiendo recobrado fuerzas y entendiendo que era el momento de seguir adelante, para contestarse sus propias dudas, comenzó a pensar cuales son los temas que le atraían, que actividades le gustaría desempeñar, que rubros le gustaban, cuales le apasionan, donde se sentiría útil, cuánto tiempo quería trabajar y que responsabilidades estaría dispuesto a aceptar. No era fácil, pero tampoco difícil, se fue haciendo una idea y creyó conveniente buscar cargos gerenciales en empresas que se dedicasen principalmente a tareas logísticas y recursos humanos, cuales quieran que fueran los rubros, y sin importarle mucho tampoco el tamaño de la misma, allí podría aprovechar sus dotes como líder en manejo de personal y recursos existentes. Claro que también buscaba que no quedasen tan lejos de su hogar, no quería trabajar en otra ciudad la cual le demandase largas horas de ida y vuelta, uno de sus principales objetivos era aprovechar al máximo el tiempo en familia, ya mucho había sacrificado durante sus años de servicio, sus hijos habían crecido sabiendo que cada día papá se iba a trabajar pero desconocían si ese mismo día lo volverían a ver, por lo tanto, este era el principal requerimiento al cual no estaba dispuesto a renunciar, indudablemente esto acortaba las opciones existentes. Realmente y más allá de esto que anteriormente te mencioné, pensó que todo le sería más sencillo, nunca creyó que le sería fácil, pero si más sencillo, en aquel momento mientras buscaba trabajo, también aprovechó para ir armando su currículum, lo cual no es nada fácil si no tienes mucha práctica o ayuda profesional. Ya al término de la primera semana de búsqueda, poseía una lista de varias empresas donde mandar por correo tradicional, por correo electrónico o llevar personalmente este documento terminado junto con la solicitud a la vacante procurada, es así que en un par de días ya había cumplido con esta formalidad y tan solo restaba esperar los tan ansiados llamados.

Pasaron varios días y tanto él como su esposa habían comenzado a inquietarse, si bien estaría por comenzar a cobrar sus haberes de retiro, estos eran bajos y apenas les alcanzarían para pagar la renta, la hipoteca, la cuota del colegio, los gastos normales y básicos como lo son el pago de los servicios de luz, agua y teléfonos, los gastos en materia de productos básicos para el hogar, los productos alimenticios, y todos esos gastos habituales. Aún no habían tocado sus escasos ahorros previstos para imprevistos, pero tampoco te creas que le alcanzarían para mucha cosa. Esta situación llegó a crear algún malestar, el nerviosismo y las expectativas les jugaban una mala pasada y los llevó a alguna que otra discusión, corrientes y sin subir mucho de tono, igualmente ambos tenían esperanzas en que esas llamadas ocurrirían y no demandaría la espera de un largo tiempo para ello, tenían fe que lograrían cumplir con ese objetivo. Mientras tanto sus padres, varios de sus amigos más cercanos y otros tantos viejos camaradas, le habían comenzado a decir o sugerir que posiblemente se había apresurado y por consiguiente equivocado en la decisión que había tomado con respecto a dejar el Ejército, abandonar un trabajo estable, con un sueldo público y seguro. No le sorprendían esta clase de comentarios, sabía que ocurrirían y que habría muchos más de esos, así como que mayormente serían provenientes de sus círculos más cercanos y de confianza, las personas que en realidad más lo querían y estimaban. Esto ocurre siempre, ¿nunca te ha ocurrido? Son estos seres más cercanos y amados los que nos cortan las alas, sin querer, sin intención de hacernos daño, simplemente ocurre, como te mencioné mas arriba cuando te hablaba de sus padres.

Y entonces ocurrió la magia, un lunes por la mañana comenzó a sonar el teléfono, el gran Capitán recibía una llamada tras otra, agendando estas reuniones de presentación en su calendario. Dada su experiencia laboral, principalmente en el manejo de personal y toda clase de recursos, así como los diferentes cursos que había cursado durante su carrera profesional, las miles de entrevistas que por una u otra razón había realizado y los libros que había leído, sabía que debía prestar atención a determinados factores que podían influir en las entrevistas. Gracias a estos saberes, intentó coordinar las mismas evitando que fuesen a primera hora de la mañana, ya que las personas suelen ser menos receptivas y amables a esa hora, pero tampoco que fuesen a última hora de la jornada, pues las personas pierden interés y quieren marcharse a sus hogares, es entonces que trató que fuesen a media mañana cuando el sol ya demuestra calidez y las personas afloran simpatía, suelen encontrarse más relajadas y receptivas. Al mismo tiempo evitó los días lunes, pues nadie quiere volver a trabajar los días lunes, esto incluye a los entrevistadores. Es así que, a partir de esa semana, comenzaría en su carrera de convencer a sus posibles futuros jefes del porque él era el indicado para el puesto, para ello debía prepararse, estudiar cada empresa y cada puesto en particular, y cuando pudo también las características de sus posibles jefes o entrevistadores. Recuerda que había sido militar, así que él conocía muy bien los pasos necesarios para estudiar al enemigo, las posibles amenazas, el terreno en el cual se movería, los posibles obstáculos y las posibles líneas de acción a tomar ante cada situación que pudiese darse. Al mismo tiempo y como aditamento esencial que podría inclinar la balanza a su favor, debía trabajar y esforzarse en mejorar la primera impresión, dándole la valiosa importancia que tiene, inclusive hasta mayor que el propio curriculum, la primera imagen que queda en la retina de las personas es difícil de cambiar posteriormente, y suele abrir o cerrar puertas, lo creas o no. Seguramente tengas en tu propia vida algún ejemplo de ello, tanto en lo laboral como en lo familiar, en las relaciones interpersonales de cualquier índole, etcétera.

Sigamos… Sin embargo y simultáneamente tenía en claro que no solo debía convencer a estos evaluadores, a estos posibles jefes, sino que debía competir contra otros contendientes que tenían como objetivo el mismo puesto, y posiblemente contaban con curriculum más pintorescos, quizás hasta con experiencia laboral en el rubro, contando incluso con alguna que otra recomendación en el área, inclusive hasta tal vez los entrevistadores tuviesen algún prejuicio o mala disposición para consigo por la carrera militar que realizó, por su religión, o por cualquier otra cosa, o una inclinación por alguno de los otros contendientes por diversos motivos, posibles o existentes. Entonces, no sería fácil, pero se creía preparado para afrontar estas circunstancias, debía hacerlo y precisaba conseguir alguno de los puestos, necesitaba el trabajo por él y por su familia, quería darle a sus hijos el mejor presente y futuro posible, tenía esperanzas de dar un vuelco a su vida y esto era ineludible para ello, el Capitán había vuelto al ruedo y no sería dominado fácilmente en esta guerra, posiblemente perdería alguna batalla, es normal, pero jamás la guerra, seguramente en algunas de las entrevistas otros sean los favorecidos con el puesto, pero en alguna sería él quien lo obtuviera, estaba convencido y decidido a por ello. Nadie puede ser vencido si no se rinde, si no decide rendirse, y él jamás lo hizo, jamás se rindió ante nada ni nadie.

Así fue que el Capitán comenzó a cumplir con su agenda de entrevistas, cada mañana antes de las mismas se levantaba temprano, hacía algún ejercicio corto pero intenso y estimulante, luego tomaba un baño alternando el agua cálida con la fría así de esta forma aprovechaba los beneficios de esta clase de duchas, aumentando el flujo sanguíneo, acelerando el metabolismo, mejorando la concentración, disminuyendo el estrés, incrementando su valentía y disciplina, su estabilidad ante las adversidades e incomodidades. Posteriormente se afeitaba frente a su espejo detallada y minuciosamente, repasando durante esta mentalmente lo que podría ser la entrevista, las posibles preguntas y respuestas, luego desayunaba liviano y nutritivo, buscando alimentar su cuerpo y activar principalmente su actividad cerebral, unos vasos de agua, algunas frutas, frutos secos y cereales, sin lácteos y evitando el café, ya que puede generar mal aliento y secar la boca, puesto que es un diurético y consigue generar sequedad en la misma. Se engalanaba de traje, camisa y corbata, composición que mostrase seriedad y formalidad, sin embargo, evitando ser anticuado y fuera de estilo, esto demuestra rectitud, pero al mismo tiempo adecuación a los tiempos actuales, flexibilidad por llamarlo de alguna forma. Como ya lo sabes el era apasionado por la lectura, y en alguna ocasión había leído sobre la simbología de los colores en las vestimentas, en este caso el color negro o azul marino en los atuendos formales demuestran capacidades de liderazgo y trabajo en equipo, el gris demuestra ser una persona lógica y analítica así que debería de evitarlo, es más para un cargo de ingeniero o arquitecto que para un cargo gerencial, el marrón transmite confianza pero no liderazgo, a pesar de todo esto no tenía muchos para elegir en su armario, en realidad tenía tan solo uno y para su suerte era de color negro, consecuentemente era perfecto para la ocasión. Le brindó en cada ocasión atención a la combinación de colores de la camisa y la corbata, debido a que si pudiera hacer alguna combinación entre ambas con los colores de la empresa, sin parecer ridícula o jovial, sería llamativamente positivo a su favor, se pondría los colores que representan a la empresa casi como insinuando formar ya parte de ella. En uno de sus bolsillos guardaba unos chicles o pastillas de menta para garantizar el buen aliento, se ponía perfume evitando que este fuese sumamente dulzón ni fuerte, no quería embriagar a su entrevistador.

Durante las entrevistas usó un abanico de herramientas, que bien podríamos llamarlas trucos, que había aprendido durante su instrucción y experiencia en el Ejército, a continuación, te contaré sobre algunas de ellas. Por ejemplo, mientras estuviese en la sala de espera no tomaba asiento, permanecía de pie, erguido con sus manos cruzadas en la espalda demostrando poder y ambición, demostrándose poderoso y confiado, inclusive intimidando de cierta forma a sus contendientes. Ya en la entrevista intentaba leer el lenguaje corporal de quien lo entrevistaba, por ejemplo, hacia donde apuntaban los pies de la otra persona, si eran hacia él sabría que le estaban prestando total atención, pero si por lo contrario, los movían continuamente o apuntaban hacia la puerta sabría que la entrevista no estaba marchando del todo bien. Durante la mayoría del tiempo en el cual se transcurría la entrevista, miraba fijamente a los ojos del entrevistador, pero siempre intentando que esta mirada no pareciera intimidante ni agresiva, en realidad intentaba parecer interesado, receptivo y entusiasta, el contacto visual es fundamental durante cualquier clase de conversación, «*los ojos muestran la entereza del alma*», como dice el dicho. Así mismo cuando respondía trataba de afirmar con su cabeza para que sus respuestas parecieran las correctas y con sus manos sobre el escritorio, nunca por debajo del mismo, las movía con las palmas abiertas generando que sus locuciones fueran atrayentes y transmitiéndole confianza al entrevistador, nunca cerraba los puños, ni metía sus manos en los bolsillos, mucho menos señalaba, prestaba atención a no imitar los movimientos del entrevistador por más que fuese sin intención ya que esto sería tomado de mala manera si este se dase cuenta o pensara eso, creería que él es una persona falsa y manipuladora. También respetaba los silencios y nunca interrumpía a su entrevistador, sus respuestas eran meditadas adecuando su lenguaje a la edad de este, pero las efectuaba naturales y francas, claras, estructuradas y dinámicas, durante la ejecución de las mismas mencionaba el apellido de su entrevistador cada vez que se refiriera a este, cuando ameritase, sin tornarse reiterativo y siempre tratándole de usted, procurándole y haciéndole sentir importante, ponderándolo, manteniéndose respetuoso, haciéndole creer que él era quien dominaba la situación cuando en realidad era el Capitán quien con sutileza, persuasión e inteligencia dominaba el rumbo de la entrevista. Intentó siempre mantener la calma, nunca subir el tono de voz pero siempre manteniéndolo enérgico, que sonase como el de un hombre confiado en sus capacidades y sus virtudes, que se interpretase como un hombre que viene a conseguir el puesto y que está decidido a hacerlo, un posible gerente no podía sonar como una oveja más en el rebaño. Mientras que su discurso debía manifestar su convicción de que el éxito personal estaba ligado fuertemente al de la empresa y viceversa, y si bien hablaría de sus dotes y su experiencia en el pasado en su antigua profesión, el énfasis debía estar en su proyección a futuro, en lo que él podía aportarle a la empresa, en que tan beneficioso y potencial sería para esta contratarlo para formar parte del equipo. Existía la posibilidad de tener que contestar preguntas incomodas, siempre las hay, para ello también se había preparado, se había concientizado en impedirse percibirlas como ataques personales, evitando demostrar físicamente el sentirse agredido, intentando no basilar durante las respuestas y que el descontrol emocional aflorara y lo condujera por mal camino. Cuando uno no puede contestar claramente una pregunta, hacerlo con otra pregunta puede ser la mejor opción, pretendiendo así invertir de cierta manera los papeles de entrevistador y entrevistado, más vale una respuesta inconclusa que un paso en falso. Si tenía que sonreír intentaba que fuese natural pero corta, que pareciera simpática pero no burlesca ni grotesca, si debía hacerlo no podía ocurrir antes de la mitad de la entrevista cuando recién el ambiente se encuentra más distendido y existe mayor confianza entre ambas partes. En algún momento de la entrevista suelen preguntarse las pretensiones salariales, en ese momento manifestaba su aspiración a un sueldo alto, más alto del que realmente esperaba conseguir, no obstante mencionaba que confiaba en que la empresa le ofreciese un sueldo justo y acorde a la función que desempeñaría en primera instancia, y a futuro este subiría conforme con la valía de su desempeño, ya que él le demostraría a la empresa que cada centavo invertido en él le valdría la pena, de esta forma le dejaba un margen para negociar a su favor y al mismo tiempo demostraba que su tiempo y trabajo valen, y que confía en él mismo y sus resultados.

Tenía bien en claro que una entrevista de trabajo para el entrevistado es inobjetablemente la necesaria y quizás única oportunidad de seducir al entrevistador, quien es generalmente quien dará el visto bueno o negativo sobre este, el pulgar hacia arriba o hacia abajo, por lo menos en una primera instancia si es que existiesen otras posteriormente donde se irían decantando los finalistas a la obtención del tan ansiado puesto en disputa. Por esto es que durante la entrevista, en algún momento de la misma donde pudiera calzar la pregunta, le consultaba al entrevistador porque la empresa había tomado la decisión de citarlo a la misma, puede sonar raro que un entrevistado haga una pregunta así, pero en realidad le demostraba y recordaba al entrevistador de que si lo llamaron es porque confiaron en sus fortalezas y capacidades para ocupar el puesto, y acorde a la respuesta él podría hacer énfasis en los puntos que le mencionasen, así que indudablemente sería un punto a su favor durante la entrevista. Es notorio que no por usar estas herramientas querría decir que lo eligieran por sobre los demás, pero era uno de los ases que tenía bajo la manga, y claramente debía usarlo a su favor ya que en la confrontación de curriculum generalmente saldría perdiendo, y eso lo tenía bien en claro. Ten en cuenta nuevamente que David fue Líder de tropas de combate durante muchos años, por lo tanto tenía bien en claro que debía conocer las fortalezas y debilidades tanto suyas como de sus contrincantes, amenazas o enemigos en la jerga castrense, de esta forma y luego del análisis correspondiente podría llevar a cabo la mejor línea de acción en cada entrevista para explotar sus fortalezas y disimular sus debilidades, haciendo que el entrevistador se fijase en las primeras y no en las segundas, y al mismo tiempo buscando brillar en algunos aspectos donde el resto no podría hacerlo.

Como aludí páginas atrás, fueron varias las semanas durante las cuales tuvo jornadas de entrevistas de trabajo, unos cuantos días tratando de alcanzar alguno de los cargos que estaba interesado y a los cuales se había postulado, arduos días de sana competencia contra otros hombres y mujeres que pretendían alcanzar los mismos objetivos que él, jornadas cansadoras de idas y vueltas, estresantes, extenuantes y con altos grados de tensión, anímica, física y por sobre todo mental. Ese puesto que pretendía, cualquiera de ellos a los cuales se postuló, era más que un puesto de trabajo, era la justificación de haber dejado atrás su antigua carrera, su vieja labor, era su futuro y el de su familia, futuro bastante incierto al día de la fecha.

Las primeras dos o tres entrevistas no fueron sus mejores exposiciones, pero fue aprendiendo y adaptándose con cada una de ellas, entendiendo en el campo de juego, en el terreno, por donde tenía que ir y que cosas debía corregir, al mismo tiempo tuvo la oportunidad de analizar mejor a sus contrincantes, ya que inclusive con varios de ellos se cruzó en varias audiencias. De esta forma fue convirtiéndose en un especialista en ser entrevistado y en una mejor opción para las empresas a las cuales iría posteriormente a entrevistarse. Cada entrevista más allá del resultado que obtuviese, por más veces que fallara y no acertara en las respuestas, cada una lo fue preparando para la siguiente, cada una fue un escalón más que subía en esa escalera que lo conducía hacia la obtención de sus objetivos, cada una lo fue haciendo mejor. Así ocurre en todo aspecto en la vida, cada problema y circunstancia nos prepara para la siguiente, principalmente por la experiencia que se va adquiriendo, acumulando, con las pruebas, ensayos y errores, siempre y cuando estemos dispuestos a aprender de ellos, si somos atentos e inteligentes podemos aprovecharlas a nuestro favor para lograr obtener mejores resultados a futuro cuando nos topemos con circunstancias o problemas similares. Igualmente, y no existe duda alguna en esto que te diré a continuación, todo se transforma, continuamente, todo tiene su ciclo, su proceso, nada termina o finaliza para siempre, nada se puede borrar permanentemente como si jamás haya existido.

LUEGO QUE ALGO SUCEDE, LO ENTIENDAS O NO, LO ACEPTES O NO, HAYAS APRENDIDO O NO DE ELLO, CREAS QUE LA EXPERIENCIA TE HAYA SERVIDO O NO, IGUALMENTE GENERARÁ UN EFECTO EN TI Y JAMÁS VOLVERÁS A SER LA MISMA PERSONA QUE ERAS ANTES DE ESE SUCESO.

Sigamos…

Ahora efectivamente ya había conseguido el tan ansiado puesto laboral, sería uno de los gerentes de una empresa nacional con varios años en el ruedo, con firmes aspiraciones a convertirse en internacional a mediano o largo plazo, sin embargo, debido a que aún no había subido ese peldaño, por consiguiente, no podía darse el lujo de tener demasiados puestos gerenciales que le representasen grandes erogaciones económicas a nivel salarial. Es así que su puesto abarcaba dos grandes y definidas áreas, era entonces el nuevo *«Gerente en la Administración de Recursos Humanos y Servicios Logísticos»,* nada mal para sus aspiraciones y pretensiones, eso era básicamente lo que había estado buscando, eran esas áreas en las cuales se sentía experto gracias principalmente a la experiencia obtenida por sus largos años de servicio en el Ejército a cargo de recursos humanos y logísticos, en las más diversas situaciones y áreas.

Durante sus primeros días en la empresa, fue apadrinado por el mismísimo vicepresidente de la misma, el Señor Robinson Vera, un hombre muy carismático y simpático al que todos en la empresa conocían como el *«Sr. Robin».* El Sr. Robin no era mucho mayor que él, aunque si poseía una vasta experiencia empresarial ya que había trabajado en diversos sectores y con diferentes cargos en varias empresas de diferentes características y dimensiones, al mismo tiempo poseía un importante curriculum académico. Supo unos cuantos meses más tarde que el Sr. Robin había sido un factor de decisión sumamente trascendental para que él fuese elegido para el cargo que ahora desempeñaba. Durante esos días en los cuales pasaron varias horas juntos, el Sr. Robin le enseñó todas las áreas y sectores de la empresa, le dio un vistazo de cómo funcionaban, cuáles eran los rubros a los cuales se dedicaba la empresa, cuáles eran los objetivos mensuales y anuales, así como también las aspiraciones a futuro. Le explicó e indicó que se esperaba de él a razón de tareas y tiempos, que pretendían de él, que esperaban que le aportase a la empresa, como en la dirigencia creían que el beneficiaría a la misma. Durante el tiempo de adaptación el Sr. Robin fue fuente continua de consulta hasta que se sintiera cómodo para comenzar a desempeñarse con mayor libertad. El Sr. Robin era una persona muy amable, aunque no le costaba nada ser tosco si fuese necesario, siempre ocupado y preocupado, era divorciado ya hace unos años y tenía con su ex esposa tres niños a los cuales no frecuentaba visitar puesto que vivían en otra ciudad bastante distante, sin embargo, se interesaba mucho por ellos y poseía varios cuadros con fotos de los mismos en su escritorio.

Ya habían transcurrido unos meses desde que ocupaba su cargo, no todo era color de rosas, no todo ocurría como él había soñado que pasaría. Los buenos resultados no se sucedían con la facilidad que se había imaginado, por más que lo intentaba con todas sus fuerzas, inclusive quedándose a diario en su oficina buscando las tan ansiadas soluciones hasta adentrada la noche, ya no perdía siquiera tiempo en el almuerzo, pero los buenos resultados no llegaban. Ya no contaba con el ancho respaldo de ese hombre que lo apadrinó, ya le habían señalado desde la gerencia, en varias ocasiones, que no estaba cumpliendo con las expectativas, que quizás el cargo le había quedado grande, que no cumplía con los objetivos pautados que llevarían a la empresa a subir de nivel, erigirse como una de las mejores en sus rubros, no tenía mucho tiempo por delante en su banca si no lograba revertir la situación, las horas estaban contadas para David. Pero donde estaba el problema… ¿existían factores externos que entorpecían su desempeño?, ¿el destino le estaba jugando una mala pasada?, ¿tenía mala suerte?, ¿quizás eran los integrantes de su equipo que no querían colaborar con él y sus nuevas ideas?, o tal vez él era el problema… ¿no tenía la capacidad para tan elevado cargo?, ¿realmente estaba en condiciones de ser gerente?, ¿era un fracasado?, ¿era el líder que creía ser?... acaso ¿tenía la flexibilidad necesaria para adecuarse a los cambios inherentes al cambio de rubro laboral que realizó?... realmente tenía mucho que evaluar, mucho en que pensar, si seguía así no le quedaba mucho tiempo en la empresa, lo tenía bien en claro. Ahora realmente no sabía a ciencia cierta si había tomado una buena decisión al dejar el ejército, su antiguo trabajo, tampoco si en postularse para un cargo tan elevado, ahora creía que no sabía nada, dudaba de sus capacidades, de sus condiciones, de sus actitudes y aptitudes, no confiaba en sí mismo, creía que no tenía la suficiente edad o experiencia para ocupar ese cargo, había perdido la fe, sobre todo en él mismo.

Entonces todas esas emociones maravillosas de haber conseguido el tan ansiado cargo se habían esfumado mucho más rápido de lo que duraron en llegar, nuevamente había caído en la desgracia, pero ahora con una gran diferencia, al contrario de su anterior trabajo y profesión, en este caso, él se había convencido de que necesitaba un cambio y dejó todo lo **«SUPUESTAMENTE SEGURO»** que tenía, por ese cambio. Estaba fallando, él sabía que estaba fallando, fallándose a él mismo y a las personas que confiaron en él, así como también le estaba dando la razón a aquellos que de una u otra forma lo desalentaron a tomar esa decisión, les estaba regalando la posibilidad para decirle **«TE LO DIJE»**, sin lugar a dudas una de las frases mas hirientes que existen, una de esas que tiene como cometido meter el dedo en la herida o llaga, una frase que no suma para nada, que resta, y mucho. Todo esto destruía aún más su autoestima y confianza en sí mismo, puesto que aparentemente había tomado una pésima decisión y no podía dar pasos hacia atrás para que todo volviese a ser como lo era antes, si lo despidiesen de aquí se quedaría sin el pan y sin la torta como dice un viejo dicho local, demostraría su ineptitud para afrontar nuevos retos y desafíos, dejaría en clara evidencia que había tomado una patética decisión y que esta no solo lo afectó a él sino que llevó a la ruina a toda su familia, hipotecando el futuro de sus hijos, así lo sentía y sufría, y esa idea le daba vueltas en su cabeza día y noche, todo el tiempo.

Esta claro que ocurriese lo que ocurriese no significa realmente un fracaso, para nada lo es, fracasar es no intentarlo por falta de coraje y valor. Si uno lo intenta y falla, no es mas que eso, simplemente es un paso en falso que nos deja enseñanzas valiosas para fortalecernos y caminar con mayor firmeza en los siguientes que demos. Si fallamos y seguimos intentándolo significa que vencimos nuestros miedos y limitaciones, «**NO ES VALIENTE QUIEN NO TIENE MIEDO, SINO EL QUE SABE CONQUISTARLO**» como lo dijo alguna vez Nelson Mandela. Cambiar es necesario, en el universo todo cambia, en el mundo todo cambia, a nuestro alrededor todo y todos cambian, nosotros cambiamos continuamente, lo aceptemos o no, por ello es necesario adaptarse a los cambios y tener bien en claro que los cambios implican romper con una estructura que ya se encontraba sólida (por decirlo de alguna manera), y por consiguiente eso va a doler, va a costar y demandar mucho esfuerzo y dedicación, pero los resultados suelen ser atrapantes, hermosos, desafiantes, nuevos… vale la pena salir del lugar de confort.

Sigamos entonces con nuestro Capitán, quien claramente no lo estaba viendo de esta forma que te mencionaba anteriormente, o al menos aún no lo hacía. Él había perdido nuevamente la perseverancia, había comenzado a desistir, se había apartado del camino que se había propuesto, se había rendido ante los obstáculos y errores que se le fueron presentando y sucediendo durante su camino, y claro con esas actitudes que tenía todos quienes dependieran de él, y a su alrededor, habían comenzado a caer en la misma desgracia. Un superior o referente en cualquier ambiente en el que se encuentre, sea cual sea la empresa, equipo, institución, organización o grupo de personas del que forme parte, sea cual sea el cargo o lugar que ocupe en este, será debido a su posición relevante y significativa un multiplicador de las buenas actitudes así como de las malas, de la esperanza como de la desgracia, de lo honrado como de lo deshonrado, de la lealtad como de la mentira, de lo bueno como de lo malo, será la luz o será la sombra sobre el resto de los integrantes. Por esta razón es tan importante para esta persona cuide su postura ejemplar frente al resto, que trabear su imagen, sus actitudes, sus valores y principios, que se convierta en un verdadero Líder, que evidencie y represente todo lo bueno que una persona puede ser, y de esa forma, el resto quieran adquirir de él esas actitudes e imitar esa clase de comportamientos que lo llevan a la obtención de buenos resultados.

IV. EL DESPERTAR

Hasta ese momento no sabía si vivía
un sueño o una pesadilla.

Una noche sabatina como cualquier otra, o así parecía en un principio, no sabía por qué lo hizo, pero lo hizo, y así sucedió. Luego de dormir a los niños, mientras bebía un vaso de agua en la cocina, se dirigió a su maletín y sacó de él su libreta de apuntes, tomó un bolígrafo y tomó asiento en uno de los sillones. Abrió la libreta en una hoja vacía al azar y dividió la misma en dos partes iguales con una raya que la atravesaba verticalmente, arriba en el izquierdo dibujó el símbolo de «+», que simbolizaba lo positivo, lo que quería alcanzar, sus metas, objetivos y sueños. Del otro lado a la misma altura dibujó el símbolo de «-», que simbolizaba lo negativo, lo que nunca jamás quería volver a vivir, lo que quería abandonar, lo que le hacía mal, sus creencias negativas y frustrantes. Así pues, comenzó a escribir renglón por renglón hasta que no quedasen espacios vacíos, siendo totalmente sincero consigo mismo, sin pensarlo mucho, simplemente dejando a sus manos transcribir ligeramente sus pensamientos como le iban saliendo, dejando fluir su alma en la tinta de aquel bolígrafo sobre el papel.

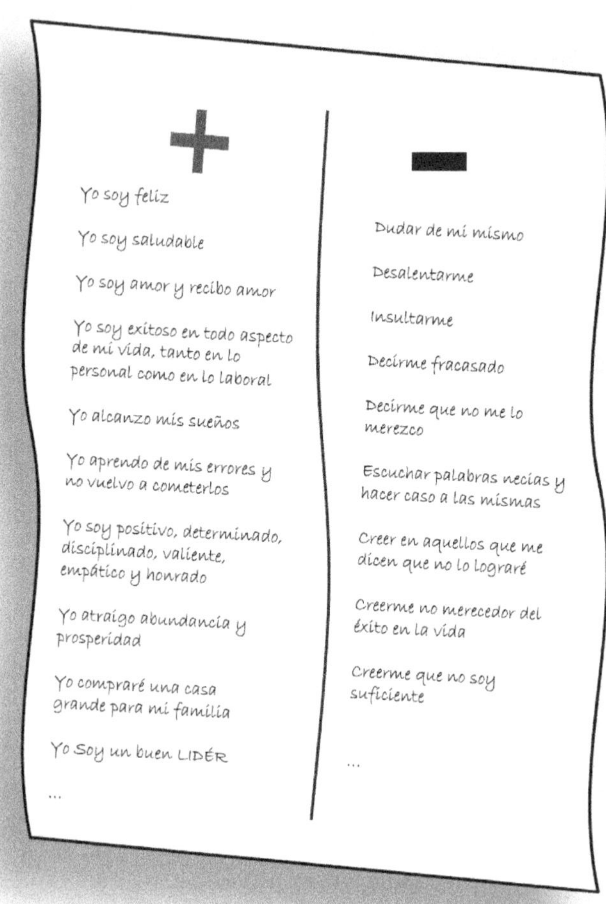

Luego de hacer esto, arrancó la parte Negativa de la hoja, se dirigió al balcón y con un encendedor que tomó de un cajón del armario de la cocina, prendió fuego de la misma, dejando que las cenizas fuesen alejadas de allí por el viento, en señal de que nunca más esas circunstancias y pensamientos negativos le afectarían en su vida y a la de su familia. Fue un antes y un después, sin duda alguna, y el acontecimiento que ocurriera la mañana siguiente sería el fiel reflejo de ello.

Sentado en unas rocas frente al mar, una cálida mañana de primavera, corría una suave brisa y sobre volaban algunas gaviotas, cantando en armonía con el eco del mar. El agua tenía un color entre verde y azulada, con una blanca espuma que se divisaba claramente al romper las olas sobre la orilla de la playa o al levantarse las mismas sobre el horizonte. Allí se encontraba él, David, sentado sobre esas rocas coloradas que se adentraban en la bahía sobre el inmenso mar, ahí se encontraba él, solo frente al mar, con sus pies mojados sumergidos levemente sobre esas aguas cristalinas. A lo lejos, podía divisarse en el horizonte un blanco Faro al estilo colonial, uno que se erguía sobre las aguas que rodeaban una solitaria isla, uno que por las noches, tal cual una vela en la oscuridad, iluminaba el camino que sin él, los solitarios navegantes en el turbio mar, se encontrarían perdidos y desamparados, como un corcho flotando sin rumbo… ahí se encontraba él, allí por primera vez tan solo consigo mismo.

Esa mañana dominical al despertar sintió la imperiosa necesidad de salir de su casa, fue la mañana posterior a esa noche que te contaba anteriormente, recuerdas esa donde prendía fuego esa hoja de su libreta. Una voz en su interior lo despertó cuando recién aparecían sobre el horizonte los primeros rayos de luz al amanecer de un nuevo día. Se levantó haciendo el mínimo ruido posible, para no despertar a su esposa e hijos, aún sin rumbo previsto, sin itinerario, sin arreglarse más que vestirse con lo primero que encontró en su armario, dejó un beso en la frente de cada uno de los niños y de su amada esposa, y sobre la mesa dejó una carta que decía lo siguiente *«voy a encontrarme con alguien muy importante para mí, vuelvo pronto, los amo».* Es así que tomó las llaves de su auto y se echó a andar. Parecía como si esa voz lo fuera guiando en su trayecto, lento, pausado, tranquilo, disfrutando del viaje hacia lo desconocido, sin temor alguno, sin preocupaciones, se encontraba en un estado de paz interior. Esa voz parecía ser su intuición o conciencia, tal vez su alma, le parecía haberla escuchado alguna vez con anterioridad, le resultaba familiar, o al menos eso sentía. Ella era él mismo diciéndose que necesitaba ir a un lugar, alejado de la sociedad, de las distracciones, en contacto con la naturaleza, con la inmensidad del mismísimo universo, para allí encontrarse con una persona especial, la más importante de todas, una persona con la cual nunca había hablado y reflexionado verdadera y sinceramente, «a corazón abierto» como se suele decir. Se reuniría con una persona que le parecería tan lejana y al mismo tiempo tan cercana y familiar, una persona que lo necesitaba y él a ella, una persona que no podía ni quería seguir esperando esa reunión… esa persona era él mismo.

Ese viaje duró alrededor de una hora, desde su casa hasta la bahía más cercana, una que a esas horas lucía solitaria. Este fue enteramente placentero, tanto que pareció eterno y al mismo tiempo relajante. Las ventanas abiertas de su automóvil dejaban que la suave y cálida brisa dominical acariciaran su rostro, la radio permaneció apagada durante todo el viaje, para tan solo escuchar el sonido del motor de su automóvil mezclado con el canto de las aves y el susurro del viento en los árboles. Cuando finalmente llegó a su destino, allí detuvo con calma su marcha sobre la avenida que pasaba junto a esa bahía, descendió de su automóvil y comenzó a caminar rumbo al rojizo grupo de rocas que penetraban en el mar. Caminó por ellas en dirección al mismísimo mar y tomó asiento sobre el filo del último grupo de rocas, las que se encontraban en lo más profundo, adentradas en las aguas, allí se quitó el calzado, abrió unos botones de su camisa, remangó su pantalón y sumergió sus pies en la fría agua cristalina. Disfrutó uno instante apreciando el horizonte, donde una tímida línea separaba las aguas azules del celeste y despejado cielo, algunas embarcaciones podían divisarse a lo lejos, la mayoría pesqueras, aunque también algún barco a vela blanca que surcaba las aguas profundas. Observó y disfrutó de todo a su alrededor, suspirando gozó de la hermosa inmensidad de la naturaleza, de ese momento. Escuchó el armónico canto de las gaviotas que sobrevolaban los cielos mientras que cerraba sus ojos, animándose a respirar el puro aire de la brisa marina, escuchó el romper del oleaje sobre las rocas y más alejadas aquellas que a sus lados lo hacían sobre la blanca y fina arena de la costa. Ese era su momento, de nadie más, tan solo él y el universo a su alrededor, parecía que el tiempo se hubiese detenido en ese instante perfecto y relajado, era allí donde algo maravilloso sucedería, y él lo presentía, ya lo sabía.

Sus ojos permanecían cerrados cuando comenzó de la nada viniendo a su mente una idea que alguna vez escuchó o leyó de alguna clase de Gurú espiritual, uno que siquiera recordaba en esos momentos, y yo tampoco lo hago ahora, esta decía algo así como *«muchas personas a esta altura de la humanidad, mueren a sus jóvenes treinta y pocos años, pero gracias al avance de la medicina y la ciencia son enterrados luego de los ochenta»*. Esta frase deja mucho para pensar, mucho más para reflexionar, tiene un gran y profundo simbolismo, ¿será realmente así? ¿estás de acuerdo con esta frase? ¿qué es lo que muere de nosotros a nuestros treinta y pocos años? ¿Son nuestras esperanzas? ¿Serán nuestros deseos? ¿Será nuestra Fe? ¿Es nuestro propósito? O quizás ¿Será nuestra propia alma? Y se preguntó en ese mismísimo instante para sí mismo *«¿estoy muerto en vida?»* Pasaron unos minutos y abriendo sus ojos comenzó a hacerse algunas preguntas para sí, en voz alta, no había nadie más allí que él mismo para poderlas escuchar, algunas a las que aún no había podido descifrar sus respuestas *«¿De qué necesito desprenderme para ser feliz y obtener el éxito anhelado? ¿Hacia dónde estoy yendo? ¿Qué cambios debo hacer conmigo mismo? ¿Quién Soy?»*

En ese preciso momento tuvo una revelación, descubrió que él y su mundo eran su propia conciencia, en la cual sus experiencias ocurren según como él se disponga a sentirlas, percibirlas y vivirlas. Sentado frente a ese mar entendió que debía cambiar sus creencias, su sistema de creencias, esas que lo limitaban, que lo aprisionaban, que lo hacían infeliz. Es así que su realidad y con ella su mundo sería y transcurrirían según la óptica con la cual él decidiera o eligiera verlos. Esa mañana había resuelto cambiar su óptica, su forma de percibir las cosas y la realidad, y como consecuencia su mundo también cambiaría, ya que él era hacedor de su camino, de su destino, de sus éxitos y glorias, y también de sus fallos y errores, pero jamás fracasos, el no fracasaría. Era su elección ver las circunstancias desventuradas como fuentes de aprendizaje que lo ayudasen e impulsaran a mejorar, o como derrotas que no podría superar, por esa razón no volvería a fracasar, jamás volvería a ver algo de esa forma. Tan solo él podría construir las puertas donde antes había construido muros y murallas, esa mañana había tomado una decisión que lo cambiaría para el resto de su vida, y con ello a todo a su alrededor; tanto su familia, sus amigos, sus compañeros de trabajo, todas las personas y circunstancias que lo rodeasen, todo. Meditó y comprendió que no alcanzaba tan solo con cambiar la óptica de ver el mundo, desde el punto de vista mental, necesitaba modificar la forma de sentir y percibir el mundo afectiva y emocionalmente, desde su corazón, hacer las paces con su alma, a la cual había colaborado a atormentarla durante mucho tiempo. Además, debía comenzar a reparar su cuerpo, al cual había descuidado desproporcionalmente también en los últimos tiempos. Estos cuatro aspectos de la persona; *cuerpo, espíritu, mente y alma*, conforman un todo que no puede abstraerse uno del otro, para encontrarse a pleno como individuo, necesariamente debemos trabajar y enfocarnos en estar bien en estas cuatro áreas, él lo entendió recién en ese momento, y reconoció que no se encontraba bien en ninguna de ellas. El más fino y mejor perfume francés necesita de un frasco acorde que demuestre que en él yace una loción de tal envergadura, con un frasco simple y común no valdría lo mismo, quizás siquiera llame la atención del comprador, y si no existiera siquiera un frasco, peor aún sería porque caería al piso sin sostén alguno. Así somos las personas, somos un todo, la mezcla perfecta o imperfecta entre *cuerpo, espíritu, mente y alma*, tal como te lo mencionaba anteriormente.

Ahora, allí, que se encontraba plenamente en conciencia de su ser, de su vida, quería destruir los patrones que le habían inculcado y los límites que el mismo creía tener, quería resaltar sus dones y talentos, quería brillar y ser original, quería estar fuera del status quo, no quería recorrer la historia que le habían hecho creer, la que le había tocado por destino, quería hacer historia, escribir y vivir su propia historia. Concibió en esos momentos que se encontraba cambiando sus creencias, pues primero las creamos a ellas y luego ellas nos crean a nosotros, y no al revés, aunque la mayoría de las veces pensamos y creemos hacer lo contrario. Quería ser íntegramente libre por primera vez, en su mente y en su alma, serlo con sus pensamientos y actitudes, ser libre para poder amar a su familia y a sus seres queridos plenamente, no sin antes y primero amarse a él mismo por completo… cada rincón de su cuerpo, de su ser, de su existencia.

¿POR QUÉ NO ESCUCHAMOS A NUESTRA INTUICIÓN? ELLA SIEMPRE NOS DICEA SI ESTAMOS EN EL CAMINO CORRECTO, ES EL MECANISMO QUE TIENE EL ALMA PARA INDICÁRNOSLO.

Amor, Salud, Libertad, Éxito, Prosperidad y Felicidad eran las palabras y deseos que se sucedían en su mente, que se repetía para sí mismo una y otra vez, viendo las olas romper sobre sus pies. Ya no habría lugar de ahora en más para ese hombre desafortunado, negativo, infeliz, desdichado, amargado y desganado, en el cual se había convertido, que hasta esa mañana fue, ahora todo cambiaría, se lo había propuesto, se había convencido de alcanzarlo, nada ni nadie podría detenerlo, y por sobre todo, él mismo no podría detenerse ni sabotearse. De repente, mirando al cielo y abriendo sus brazos al viento, desde lo más profundo de su alma, emergió un enérgico y extenso grito, pareciese que hasta el mismísimo firmamento lo hubiese escuchado, como si se estuviese liberando de todo mal que habitase dentro de su cuerpo y alma, sacando dentro de sí a ese hombre que nunca más volvería a ser, dejando lugar para su verdadero YO. Un grito de guerra, el rugir de un león, de un nuevo Rey. Ese evento marcó un fin y un nuevo comienzo, una puerta que cerraba y otra que abría, el desenlace de un ciclo y el comienzo de otro, como el final de una fría noche de invierno dejando lugar al cálido despertar de un nuevo día de primavera. Ese momento revelador le marcó al propio destino que ya no jugaría cartas al azar en la vida de ese hombre, que él manejaría su propio mazo como quisiera, le pareciera y conviniere.

Luego de transcurridas unas horas en ese lugar, observó a su lado y tomó con su mano derecha una piedra que entraba en la palma de su mano, pero no cualquiera, una que llamó poderosamente su atención y lo sedujo a simple vista, una que no parecía ser de ese lugar tal cual él y que pareciera tener un propósito diferente a tan solo reposar en ese lugar esperando convertirse en arena con el paso del tiempo. Era una piedra que pareciera venir desde lo profundo del mar, su color azul pálido y tornasolado de celeste y verde, en mezcla con algunos puntos blancos abrillantados, hacían parecer que en ella estuviese reposando el mismísimo universo. Es entonces que la tomó en su mano, como antes lo mencioné, eligiéndola a ella en ese momento como testimonio de esa mañana mágica, como un talismán. Se puso de pie y tomando su calzado con su mano izquierda descendió de las rocas caminando rumbo a la costa, allí buscó simbolizar y representar lo ocurrido esa mañana. Se encontraba cerca del borde, donde las olas rompían en la arena, tan cerca como para mojarse los pies con ellas. Allí dejó la piedra sobre la arena, dibujó con su dedo índice un círculo alrededor de ella, que la encerrara en él, luego se alejó unos metros, se puso de rodillas sobre la arena seca, y observó fijamente esa representación. Se imaginó y visualizó que él era esa piedra, que él tenía en si la plenitud, inmensidad, totalidad y fortalezas del universo, que él era vida y la vida transcurría en él, y que ese círculo dibujado sobre la arena simbolizaba los límites y las barreras que lo alejaban de todo eso, de la libertad, de la alegría, de la felicidad, de la prosperidad, de la abundancia y del éxito, y que dentro del círculo estaban todas las desdichas que le habían ocurrido, las amarguras, los resentimientos, los odios, las penurias, las miserias, los desencuentros, los dolores y los males. Y entonces permaneció allí, callado y reflexivo, permeable a las fuerzas y energías de la naturaleza que quisieran invadirlo, en soledad, pero acompañado consigo mismo, esperando un momento, ese momento especial, sin importar cuanto hubiese que esperar, ni si fuesen tan solo unos segundos, era su momento, era el momento que simbolizaría un antes y un después, un ayer dejado atrás y un hoy renaciente. Y esperó, en calma consigo mismo y con él universo, sabiendo que ese momento llegaría. Y ese instante llegó, una ola repleta de la más pura agua del mar atropelló ese retrato, cubriendo la piedra y la arena por completos a su alrededor, permaneció unos pocos segundos, y al retirarse, los límites y barreras habían desaparecido, la piedra quedó brillante y relucientemente lavada por agua pura y cristalina, tal cual lo hubiesen bañado a él en agua sanadora, que limpia y purifica, que lo bendecía, era libre. Cerró sus ojos un momento y suspiró, sintiendo como la libertad y felicidad llenaban su cuerpo y alma. Sintió que alcanzó el *Nirvana*, desatándose y librándose de las ataduras mentales, espirituales y emocionales que lo confinaban. Luego se puso de pie y caminó hasta la piedra, con pasos enérgicos, dejando firmes huellas en la arena, la tomo, la observó fijamente como si en ese momento tuviesen un dialogo entre ambos y realizaran alguna clase de honorable juramento que los mantuviera enlazados eternamente, posteriormente, la guardó en su bolsillo y tal cual un talismán se la llevó con él, y nunca más se alejaría de ella.

Reflexionando sobre su viejo YO, recordó las actitudes que lo llevaron a alcanzar el éxito profesional y personal que lo caracterizaron hace un tiempo atrás, recordó la perseverancia que solía definirlo, la voluntad y determinación que poseía, esas características que había olvidado en estos últimos tiempos. Identificó que, si no cambiaba de ahora en más su accionar y no volvía en parte a ser nuevamente ese hombre, le sería imposible obtener resultados diferentes. Debería a toda costa liberarse de los miedos, de las carencias, de las ataduras que el mismo, hasta inclusive su seres más queridos, cercanos y allegados, y por supuesto la sociedad, le habían impuesto. Él tendría que obligarse a convertirse en el arquitecto de su propia vida, dejar de victimizarse cual fuera el área de su vida en la cual lo hiciera; emocional, relaciones, familiar, económica, laboral, profesional, salud, social... Su estado anímico no podía ser rehén de las influencias externas, nada ni nadie podría influirle, nada ni nadie tendría el poder de controlar y entorpecer la nueva dirección que le estaba dando a su vida, a su buena fortuna, y con ello a la de sus seres queridos, su familia.

Mientras caminaba rumbo a su automóvil, tal cual como si hubiese escrito un discurso con anterioridad y lo hubiera ensayado a la perfección, tal como si hubiese planificado ese momento exacto, comenzó a decirse para sí mismo, a viva voz, palabras que le salían del alma, como si fuesen un mantra de liberación.

A continuación, te enseñaré esas palabras… te invito a leerlas detenidamente, y percíbelas como si fueras tu mismo, tu misma quien las dice… imagínate vivenciando en carne propia lo que a David le sucedió. Quizás, tu también necesites lo mismo, y de esta forma empiece a generarse algo dentro de ti, algo lindo, algo pleno, algo puro…

«NACÍ LIBRE Y ASÍ MORIRÉ, NADIE NI NADA PUEDE QUITARME MÍ LIBERTAD. SOY LA MANIFESTACIÓN DE MI YO INTERIOR, DE MI YO AUTENTICO. NO SOY LA HERENCIA FAMILIAR DE NADIE, NO SOY EL HOMBRE QUE LA SOCIEDAD O ALGUIEN QUIERE QUE SEA, SOY EL HOMBRE QUE YO QUIERO SER. CONCIBO MIS PROPIAS CREENCIAS Y MANIFIESTO MI REALIDAD. SOY YO Y JAMÁS VOLVERÉ A TRAICIONARME. SOY MI GUÍA, MI GURÚ, MI BRÚJULA, SOY MI NORTE Y MI SUR. SOY EL ÚNICO RESPONSABLE DE MI VIDA Y LO QUE HAGO CON ELLA. YO DOY LOS PASOS EN LA DIRECCIÓN QUE DESEO DARLOS, EN DIRECCIÓN A MIS OBJETIVOS Y DESEOS, Y LO HAGO CON TODA MI DETERMINACIÓN Y VOLUNTAD, CON TODAS MIS ENERGÍAS, PISANDO FIRME. SI ME CAIGO O ME DERRIBAN ME LEVANTARÉ AÚN CON MÁS FUERZAS, NUNCA ME DARÉ POR VENCIDO Y JAMÁS SERÉ DERROTADO. SOY CONSCIENTE DE MÍ MISMO Y DEL AHORA...YO SOY FELIZ, SOY COMPLETO, SOY PODEROSO Y EXITOSO, SOY AUTÉNTICO, SOY FUERTE, SOY SALUDABLE, SOY AMOR, SOY VIDA... SOY UNO EN LA SINCRONICIDAD DE MI MENTE, CUERPO Y ALMA».

Luego de unos pasos en silencio, inhaló fuertemente llenándose de sí mismo, de su pura y verdadera esencia, ese momento fue una manifestación pura y real de felicidad, de la liberación de su alma, lo más profundo de su ser saliendo a la luz, impulsado por su deseo de ser él mismo, activando la mejor versión de sí mismo.

Ahora si descubrió que era potencialmente poderoso, y lo creyó. Que tan solo de él mismo dependía ser extraordinario y exitoso, tanto en lo que respecta a lo personal y propio, como a lo familiar y profesional. Que todo aquello que solía limitarlo no estaba más que en su propia mente mediocre, encadenada por su antiguo yo. Los muros que lo separaban del éxito y la abundancia que anhelaba los había edificado él mismo, ladrillo a ladrillo, las puertas las había bloqueado con sus propias manos y mente. De él y tan solo de él dependía el cambio que buscaba, solamente de él pendía seguir en las tinieblas o hacerse paso a la luz. Ahora un nuevo hombre, que en realidad no era más que él mismo, estaba caminando rumbo a su nueva y triunfante vida, había desbloqueado su alma, su ser. A partir de ahora trabajaría a diario para alcanzar su mejor versión, y se esforzaría por sus propósitos, por sus sueños de grandeza y felicidad, de abundancia y de éxito, no lo haría por un aplauso conformista y superficial, no por premios económicos o materiales, o galardones cuales quieran que sean, viviría para inspirarse e inspirar a los demás, y no para impresionar a alguien. Su autocontrol sería sinónimo de su fuerza, de su entereza moral y emocional.

Dejó de lado los temores que lo atormentaban, comprendiendo que si existían era porque estaba en movimiento, estaba avanzando, y eso es bueno, simplemente tendría que vencerlos. Iba hacia lo desconocido con ganas de ir, con esperanza y con fe. Ese día concibió por primera vez una verdad existencial e incuestionable, que radica en darse cuenta que las mismas acciones llevan a idénticos resultados, sea cual sea el área y sea cual sea el momento o la persona que las realice. Es por esa razón que él debía cambiar, y adaptarse claro a los constantes cambios que se sucederían, no resistirse a ellos, abandonando su zona de confort, observando que acomodándose a los pequeños cambios ayuda a adaptarse a los grandes que luego se sucederán a raíz de estos, siendo proactivo y productivo a favor de ellos, y siendo el motor que los generase.

Durante este proceso debía marcarse nuevos y grandiosos objetivos, como si no existieran límites de ninguna clase para alcanzarlos, y en el camino hacia ellos planificar metas cortas, fraccionar los grandes objetivos paso a paso, imaginándose el éxito que obtendría mientras se regocijase a medida que vaya consiguiendo esas pequeñas metas, esos logros que lo accrcarían a los objetivos, esos escalones que lo aproximarían al final de la escalera, que lo motivarían a seguir adelante, a seguir escalando… permitiéndose disfrutar de las aventuras que nos regala la vida, durante el camino y el proceso, sabiendo claramente a donde queremos llegar pero permitiéndonos ir modificando el camino hacia ese destino.

CUANDO DECIDAS CAMBIAR DE RUMBO, DE DIRECCIÓN, NO NECESITARÁS LEVANTARTE Y CAMINAR HACIA OTRO LADO, SIQUIERA DAR EL PRIMER PASO FÍSICAMENTE, NO DEBES REALIZAR NINGUNA ACCIÓN, SOLO TE BASTARÁ CON CERRAR Y ABRIR LOS OJOS NUEVAMENTE, Y EN ESE PRECISO MOMENTO SI ERES SINCERO CONTIGO MISMO, ESE INSTANTE, ESE SUSPIRO, BASTARÁ PARA HABER TOMADO LA FIRME, DETERMINADA E IRREVERSIBLE DECISIÓN DE MODIFICAR TU RUMBO, Y HABER ESCOGIDO ENTONCES UN NUEVO CAMINO, UN NUEVO DESTINO, UN NUEVO OBJETIVO, UN NUEVO TÚ. ES ASÍ QUE LOS CAMBIOS NUNCA SON LA REALIZACIÓN DE ALGO FÍSICO, ALGO MATERIAL, SON EN REALIDAD Y EN ESENCIA LA MATERIALIZACIÓN DE UN PENSAMIENTO, DE UNA FIRME CREENCIA, CON CONVICCIÓN, LOS CUALES SE SUCEDEN SIEMPRE, SIEMPRE Y SIEMPRE, PRIMERO EN TU MENTE, CUANDO DECIDES SINCERAMENTE CAMBIAR TU REALIDAD O ESE ALGO DETERMINADO. ES ASÍ QUE, SI BUSCAS UN CAMBIO, SI QUIERES UN CAMBIO, DEBES LIDERARTE Y SER ESE CAMBIO, EN TU ALMA Y EN TU MENTE, PARA LUEGO SI MATERIALIZARLO EN ACCIONES FÍSICAS QUE TRASCIENDAN EN AQUELLOS Y AQUELLO QUE TE RODEA.

V. EL CAMINO HACIA EL ÉXITO

El conocimiento es poder desde el momento que se organiza en planes definidos, y se expresan estos planes en términos de acción…

Es así que, por lo tanto, esa cantidad de conocimientos sobre Liderazgo, manejo de recursos humanos y materiales, manejo del estrés, iniciativa, trabajo en equipo, formación de equipos de alto rendimiento y tantos más de los cuales él era experto o suponía serlo, no le servirían de nada si no los organizaba en planes definidos y específicos para su nueva función empresarial, y si claramente no los llevaba a la práctica, no los convertía en acción. Por sobre todo aprendió a reconocer que es imposible aprender algo nuevo si pienso que ya lo sé todo, por esta razón y al entender que sabía mucho menos de lo que pensaba saber, pero que tenía el ánimo y las ambiciones de aprender más, todo lo que pudiese aprender, es que comenzó a estudiar, leer y escuchar podcasts más de lo que jamás había hecho antes a lo largo de su vida. Comenzó por buscar diferentes autores, profesionales y expertos en diversas materias y temas relacionados con la vida empresarial, económica, financiera, recursos humanos, logística, sicología, liderazgo, desarrollo personal y grupal, y cuanto tema pudiera serle de ayuda, para así profesionalizarse y alcanzar convertirse en la mejor versión de sí mismo, como persona y como líder empresarial, para nutrirse al máximo, día a día, de conocimientos, principios y valores que le mejoraran su pensar y accionar. De vez en cuando leía biografías de personas célebres y gloriosas en diferentes áreas y aspectos de la vida, desde deportistas, inventores, políticos, líderes militares o religiosos, hasta empresarios de cualquier tipo, que en base a las experiencias personales de estos, pudiera asimilar y utilizar a su favor tanto para mejorar algún aspecto o área de lo profesional o personal, como para no caer en los mismos errores. También, solía tener alguna novela o fábula sobre su mesa de luz, en su habitación, para hacer volar su imaginación, imprescindible para encontrar nuevas soluciones a los problemas y circunstancias que se presenten.

Con el tiempo que ya llevaba trabajando en la empresa y habiendo dejado hace un largo tiempo atrás sus viejos hábitos y uniformes como Oficial del Ejército, asimiló que es mucho más fácil proyectar autoridad y liderazgo cuando existe una jerarquía o posición que lo impone, más aún cuando ella está reflejada y encarnada en su uniforme, un claro ejemplo de liderazgo autoritario. Igualmente, como sucede en las familias, por el cargo inherente que ocupan los abuelos y padres, así como también ocurre con las personas de mayor edad o antigüedad en cualquier grupo de personas, sean en un equipo deportivo o un grupo de amigos, la edad por si sola representa experiencia y manifiesta autoridad. Sin embargo, esto no es nada sencillo cuando nuestros pares ostentan edades similares a las propias, y peor aún, cuando uno es más joven que sus subordinados, también se torna arduo cuando uno tiene menos tiempo dentro de la empresa, y como excusa para algunos, no ha de haber pasado por todos escalones o peldaños para ganarse o llegar a determinado cargo gerencial.

Por todo esto que a ti te expresaba, y que él lo tenía bien sabido en estos momentos, es que David si buscaba obtener buenos resultados, alcanzar los objetivos planteados, ser eficaces, pero por sobre todo eficientes, tendría que lograr que sus subordinados, los integrantes de sus equipos de trabajo, lo distingan como su líder, no tan solo como su jefe. Para alcanzar esto, ellos no podrían pensar que él se había ganado su cargo tan solo por sus estudios o por sus capacidades escolásticas, ni tampoco podría verse reflejado su cargo tan solo por la vestimenta que luciera o supuesto estatus social que lo separase de su equipo, no podría lucirse desmedidamente con su automóvil o el dinero en su cuenta bancaria (que por cierto aún no lo tenía). Debía lucirse por sus ideas, principios, actitudes, pensamientos, valores y sentimientos que transmitiera y demostrara, por su carácter, templanza, coraje, imaginación, alegría y simpatía, firmeza y amabilidad, por su lealtad hacia todos sin importar su cargo, tenía que relucir como un buen y legítimo líder al que todos quisieran seguir. Claro que debería de ser autoritario de cierta forma, poseer el suficiente carácter, para tomar las medidas necesarias sin que le tiemble el pulso, haciéndose responsable por ellas, no podemos olvidarnos de este punto fundamental para alcanzar el éxito grupal, y este también lo tenía claro, más que nadie en la empresa, recuerda que fue militar.

Intuyó, por la sumatoria de estas razones, que como buen Líder que pretendía ser, debería enfocarse y dedicarle mucho tiempo a estudiar, leer y aprender sobre cada área de la empresa, sea o no sea su área de influencia, esté directamente o no vinculada con ella, es así que de igual forma investigó sobre su área de interés. Invirtió también parte de su tiempo a conocer a cada uno de sus compañeros y cuantos empleados subalternos tenía bajo su cargo, principalmente investigando quienes se encontraban a cargo de cada una de las divisiones y quienes eran los más carismáticos e influyentes en cada una de las oficinas y reparticiones, los referentes de cada sector, los más antiguos, los más experientes. Comenzó a pasar largas horas fuera de su oficina, hablando con los más veteranos de cada área, con los referentes ante sus pares, preguntándoles, escuchándolos y aprendiendo de ellos, principalmente de sus experiencias, de sus opiniones sobre las cosas que funcionaban bien, las no tanto que habría que corregir y las que del todo tenían un mal funcionamiento y habría que ponerles mayor atención, para intentar cambiarlas y reorganizarlas, quizás hasta eliminarlas o crear nuevas.

Somos aprendices, todas las personas lo somos, queramos o no admitirlo, no hacerlo sería un grandísimo error que te anclaría a tu estado actual, sin dejarte mejorar, avanzar ni progresar. Es entonces que somos aprendices todo el tiempo, durante toda nuestra vida, y los Líderes lo saben mejor que los demás, lo aceptan y están abiertos a aprender todo el tiempo y de toda fuente, desde un libro de un autor condecorado hasta de un niño. Ellos no intentan proyectar una imagen errónea y falsa, una llena de terquedad y prepotencia, al contrario, ellos entienden cabalmente que si buscan ser exitosos deben comprender, mejor que nadie, que la vida es un proceso de aprendizaje continuo y se aprende como te lo mencionaba anteriormente, tanto del más antiguo y experiente como del más joven inexperiente. Es entonces que invirtió mucho tiempo en estas tareas antes de comenzar a tomar decisiones que afectasen el normal funcionamiento de la empresa, si iba a gestionar lo iba a hacer bien, conscientemente bien. De esta forma, se dedicó unas semanas a estudiar, planificar, desarrollar y organizar las tareas y procesos a realizar, pretendiendo de esta forma gestionar eficientemente el tiempo y los procesos, utilizando para ello, entre otras cosas, algo que aprendió leyendo el libro «**LOS 7 HÁBITOS DE LA GENTE ALTAMENTE EFECTIVA**» del aclamado autor **STEPHEN COVEY**. En esta obra el autor menciona 4 cuadrantes, que no solo sirven para gestionar mejor el tiempo y organizar tareas, sino que mucho más profundo y abarcativo, como una filosofía de vida. Te enseñaré a continuación como se denominan estos cuadrantes y te invito a que leas el libro para aprender detalladamente sobre ellos, aunque la mera lectura de los títulos te dará una orientación sobre los mismos:

1.   URGENTE E IMPORTANTE.

2.   IMPORTANTE NO URGENTE.

3.   URGENTE NO IMPORTANTE.

4.   NO IMPORTANTE NI URGENTE.

Sigamos entonces con nuestro protagonista… David le dio siempre importancia y especial atención a la primera impresión, esta puede marcar la diferencia, principalmente en tiempo ganado o perdido, ya que si es buena no tendría luego que esforzarse en cambiar una imagen falsa que se haya creado de él, al mismo tiempo las personas serían mucho más sinceras, leales y permeables a sus decisiones. Es entonces que cada vez que ingresaba a un área, una sala o una oficina, no se escondía, no entraba suave ni tampoco irrumpiendo con frivolidad desubicada, lo hacía con la seguridad de pertenecer allí, con total normalidad, quien lo advirtiera vería un hombre seguro de sí mismo, un caballero con templanza, uno que forma parte del grupo, del equipo, y no está por encima de él, una persona amable y gentil, alegre y simpática, con un cálido pero energético tono de voz, una persona respetuosa. Mantenía una postura erguida, adecuándose al medio, al lugar, pero sin tomar los vicios de este ni perder la calidad de su cargo, miraba a cada persona a los ojos cuando les hablaba y principalmente cuando los escuchaba, lo cual hacía con mucha atención. Saludaba con un seguro apretón de manos tanto a los hombres como a las mujeres, no hacía diferencia alguna, para él la única diferencia entre los empleados que dependían de él eran los propios resultados que cada persona obtuviera en su labor, en el cumplimiento de sus funciones y en la calidad como persona, integrante del equipo, y eso se los hacía notar, para bien o para mal, no le temblaba el pulso para tomar decisiones, aunque estas signifiquen alejar a alguien de la empresa, o proponerlo para un acenso o recompensa cual fuera. Lucía como un profesional, pero uno que alguna vez pisó el polvo, que se embarró los pies y se engraso las manos, sin dudas veían a un Líder en él, uno que valía la pena seguir.

Nuestro Capitán, y ahora Gerente, tiene gravado en su memoria lo ocurrido en una ocasión, mientras hacía sus primeras recorridas por los diferentes sectores de la empresa, cuando un empleado veterano, de esos que todas las compañías poseen, le señaló en el marco de una de esas conversaciones que como te dije solía tener con ellos; «*tu no eras ni nacido cuando yo ya trabajaba en esta empresa*». Lo peor hubiese sido reaccionar de forma incorrecta a estas palabras, aunque ganas para nada le faltaban, ya que era un claro reto a su autoridad partiendo de un subordinado suyo. Sin embargo, ya había vivido situaciones similares durante su carrera militar, cuando siendo un joven oficial algún sargento veterano lo retaba con frases o actitudes similares, y gracias a esas experiencias y a la lectura, había comprendido que cuando las personas realizan este tipo de comentarios no hacen más que exteriorizar la falta de confianza en sí mismos, se sienten amenazadas o inferiores. Es por ello que su reacción en esa ocasión, y como suele ser cuando ocurren esa clase de situaciones, fue de comprensión y no de rechazo, generalmente le decía frases como *«usted tiene toda la razón señor (apellido), y por ello es que cada vez que puedo hacerme algún tiempo, hacer un alto en mis funciones, vengo por aquí a pedirle algún consejo, escuchar sus experiencias o tan solo observarlo trabajar, y recordar que por personas como usted esta empresa ha llegado a ser lo exitosa que es, sin ustedes los veteranos soldados de la misma, sería imposible, por esto le agradezco y me encuentro a su entera disposición»*, terminando siempre con una cálida sonrisa y un apretón de manos, diciendo *«le pido su permiso para retirarme puesto que no quiero interferir en su valioso tiempo, lo dejo continuar con sus actividades, con su permiso»*. De esta forma su liderazgo se acrecentaba ya que estos veteranos lo respetaban y así se lo hacían saber a todos los demás jóvenes, y les exigían que lo respeten, él los cuidaba y respetaba, y ellos lo mismo para con él. Esto pasa mucho dentro de las Fuerzas Armadas con los Jóvenes Oficiales para con los veteranos Sub Oficiales, como te mencioné anteriormente, por esa experiencia aprendida es que sabía manejar esta clase de situaciones, había aprendido a respetar la experiencia y valorizar la importancia de los más veteranos dentro de cada grupo humano.

Dentro de este proceso de adecuación a su nueva vida laboral, trató de implementar todas aquellas experiencias que le habían servido para comandar y llevar al éxito a tantos bravos hombres y mujeres dentro del ejército, ya que un buen Líder aprende siempre de las experiencias adquiridas propias y ajenas para repetir lo bueno y no lo malo. Es tan así, que solo tendría que variar algunos aspectos, modificarlos y adecuarlos a este nuevo entorno y estas nuevas condiciones. Una de las principales diferencias del éxito que acompaña a algunos líderes por sobre otros, es el tiempo valioso que le dedican a la causa, por lo menos al principio, hasta que los engranajes de la máquina que conforman y dirigen, hayan comenzado a funcionar correctamente, sin su continua presencia, porque ese es una de los objetivos finales, que el equipo haya adquirido los principios, valores, compromiso a la causa y metodología de trabajo que su líder les inculcó, a los efectos que continúen en esa senda inclusive y por sobre todo, sin su presencia. Por consiguiente, era el primero en llegar a la empresa y el último en retirarse, durante meses así fue, un par de horas antes y un par de horas después.

LOS DÍAS TIENEN 24 HORAS TANTO PARA LOS FRACASADOS COMO PARA LOS EXITOSOS, LA DIFERENCIA SUSTANCIAL RADICA EN QUE HACE CADA PERSONA CON SUS 24 HORAS DIARIAS.

Esta idea la había aprendido y llevado a la práctica en su carrera castrense, sus equipos habían sido de los más exitosos y respetados, no porque la conformación de sus fracciones hayan sido aquellas que tuviesen los integrantes con las mejores calificaciones previas o condiciones extraordinarias, no porque él fuese el mejor dentro de sus pares ni contase con las mejores cualidades, al contrario, sino por el tiempo que se dedicaba a forjarlos, a instruirlos e instruirse él mismo, a motivarlos y motivarse, a conocer uno por uno a cada uno de los integrantes del mismo, profesional y por sobre todo personalmente.

COMPRENDÍA QUE UN EQUIPO SERÁ SIEMPRE MÁS FUERTE QUE CUALQUIER INDIVIDUALIDAD. CONCEBÍA A UN EQUIPO COMO UNA CADENA, Y ES POR ELLO QUE SERÍAN TAN FUERTES COMO SU ESLABÓN MÁS DÉBIL.

Llegaba antes y se retiraba a lo último, utilizaba ese tiempo extra para pensar, estudiar, planificar, diseñar, e implementar los métodos necesarios para conseguir el éxito de las fracciones a su cargo, en estos tiempos había comenzado a hacer lo mismo con la empresa, y los resultados positivos no tardarían en llegar, siempre y cuando continuara así y no desistiera en el intento, si persistía con determinación y estuviese convencido de la causa.

Como parte de su labor diaria, en esas horas previas y posteriores que permanecía en la empresa, dedicaba tiempo estudiando a cada trabajador, a cada empleado, a cada integrante de sus equipos, leyendo sus curriculum y formulando preguntas para al siguiente día hacérselas al encargado del área respectiva donde esta persona cumpliese funciones, no pasaba esto con todos, pero si con aquellos que le llamaban la atención, por alguna u otra razón, o si sentía alguna clase de corazonada. De esa forma, había comenzado a hacer algunos cambios, logrando posicionar a cada uno donde realmente valía, cada pieza donde fuese más útil y mejor pudiese rendir, donde sería más eficiente en su labor, en el que sus condiciones y capacidades, sus fortalezas, mejor le harían a la misma persona y por supuesto también a la empresa. Los ayudaba a destacar y de esta forma los talentos afloraban, y la empresa brillaba. Un buen Líder siempre ayuda a sus subordinados a destacar, a brillar, a triunfar, a ser exitosos, ya que el éxito de cada uno es el éxito de todo el equipo, y reconocer esto no hace más que enaltecer las condiciones de ese líder. Un buen líder comprende la real importancia de empoderar a otros, sacando lo mejor de cada uno de ellos, aumentándoles la confianza en sí mismos, generando nuevos y mejores líderes. Por el contrario, un jefe, encargado o superior fracasado en su labor como líder, tratará de opacar o tapar el brillo de los demás, principalmente porque no tiene la suficiente confianza en sí mismo y carece de virtuosismo, por ello tiene miedo a perder su puesto, y no hace más que hacer propio el buen trabajo de los demás, buscando galardonarse con el mismo, ya que no puede hacerlo con logros propios, este no comprende y tampoco le suele importar darse cuenta que la buena labor de sus subordinados enaltece plena y totalmente sus condiciones como líder.

Sabía la importancia de la empatía y la implementaba para con todos los empleados, intentaba ponerse en su lugar, conocer cuales eras sus necesidades y carencias, donde y en qué condiciones vivía, como estaba compuesto su núcleo familiar, cuáles eran sus aspiraciones tanto económicas, personales como profesionales, sus hobbies y gustos, sus creencias religiosas o existenciales, intentaba conocerlos al detalle, lo máximo posible. De esta forma, se esforzaba en solucionarle los problemas que estuviesen a su alcance, en ocasiones gestionarle alguna solución con algún gerente suyo, y si no fuese posible hacerlo, al menos charlar con ellos y brindarle algún consejo, otra óptica, aunque sea una oportunidad de despejarse. Sabía que, si sinceramente lograba esto, acortaría las distancias obvias que existen entre jefe y subordinado, y ellos por reciprocidad, lo harían para con él, lo seguirían y le cumplirían, esté o no presente en el lugar.

Antes de cada jornada de trabajo, preferentemente el día anterior, se tomaba algún tiempo para planificar la siguiente jornada. Iba guardando cada planificación diaria en una carpeta que había confeccionado a tales efectos, para de esta forma tener un registro y poder evaluar si las metas diarias habían sido cumplidas o no. Conjuntamente con ello, en esa planificación diaria, utilizaba el método que te describí unas hojas más atrás, cuando te hablaba de los cuatro cuadrantes de Stephen Covey. ¿Lo recuerdas?

Al mismo tiempo, intentaba señalar los objetivos intermedios que le ayudarían a alcanzar los objetivos finales, en cada uno de ellos, de esta forma, desglosándolos para intentar detalladamente no dejar cabos sueltos y priorizar los pasos a seguir para alcanzar esas metas. De igual forma y luego de esto, dividía sus jornadas en lapsos de tiempo de entre veinticinco y cuarenta y cinco minutos, pero nunca en extensiones más largas de horario, a no ser claro que tuviese reuniones marcadas en su agenda que le llevasen más tiempo o alguna otra cosa en particular que lo ameritase y no pusiese ceder en ese aspecto. Estos lapsos dependían de la clase de tareas que debía desarrollar, algunas tareas inclusive podrían llevarle de dos a más lapsos de tiempo, entre cada lapso marcaba alguna clase de actividad lúdica, de corto tiempo, aprovechaba para recorrer instalaciones o charlar distendidamente con algunos empleados, quizás realizar un estiramiento y a veces bastaba tan solo con mirar unos minutos hacia fuera, por su ventana en la oficina. La razón principal de esta organización y disposición del tiempo es el enfoque, la atención y la productividad. Esto lo había aprendido en sus años de carrera gracias a bastos manuales y reglamentos militares de administración y de técnicas para preparar y desarrollar la instrucción, así como también leyendo una gran cantidad de excelentes autores que escriben sobre sicología del rendimiento, sobre la optimización del tiempo y los recursos. Es así que, en base a las teorías desarrolladas en su experiencia y la práctica, resolvió que de esta forma tanto él como el resto de las personas que integraban sus equipos, eran más eficientes en sus labores… mayor tiempo no es sinónimo de mejor productividad. Ahora leía con aún mayor frecuencia de lo que lo hacía antes, lo hacía de manera más veloz y retenía mayor información, gracias a las lecciones que había aprendido del **SR. JIM KWIK**, un especialista en desarrollo cerebral del cual podrán obtener mucha información buscando en internet o leyendo sus libros. Inclusive dentro de su horario laboral, también se marcaba algún lapso de tiempo para la lectura, orientada a sus responsabilidades y áreas de empleo, ya que todo lo que él aprendiera y le fuese útil podría volcarlo a la empresa de una u otra forma. Es entonces que durante las jornadas trataba de no realizar tareas prolongadas que le hagan perder la constante y necesaria atención en la tarea, invirtiendo el tiempo al máximo, haciéndolo más productivo, y al final de cada jornada revisaba sus apuntes y medía realmente si durante esa jornada había y habían obtenido los objetivos marcados y planificados. Una de las principales razones por las cuales se organizaba de esta forma, era para evitar la procrastinación, evitar dejar para mañana lo que puedo y debo hacer hoy, manteniéndose en lo posible, sin auto infringirse distracciones ni interrupciones. Tampoco cambiaba una pantalla por otra, tema muy importante y controversial en la actualidad, entonces, si debía realizar tareas en su computador, evitaba en el lapso de descanso agarrar el teléfono celular, y viceversa. Algunos de sus lapsos de tiempo eran específicamente dispuestos para realizar las llamadas telefónicas, revisar las casillas de correo y mensajes de texto, de esta forma evitaba también las distracciones que estas generan si lo hacemos cada vez que suena el teléfono o aparece una notificación en la pantalla.

El objetivo a nivel del desempeño, era en un principio, alcanzar la eficacia, mejorar la productividad al máximo posible para posteriormente si conseguir la eficiencia, para eso trabajaba y se esforzaba al máximo, cada día, a cada hora y a cada minuto.

CUANDO FORMAMOS PARTE DE EN EQUIPO, Y TRABAJAMOS TODOS JUNTOS ENFOCADOS Y ORGANIZADOS PARA ALCANZAR LAS METAS Y OBJETIVOS, SE TIENEN MAYORES POSIBILIDADES DE ALCANZARLOS QUE SI LO HACEMOS INDIVIDUALMENTE, EL ÉXITO O LA DERROTA SON COLECTIVOS, TODOS TRIUNFAMOS Y DISFRUTAMOS DE ELLO O AL CONTRARIO TODOS PERECEREMOS EN EL INTENTO. LA SUMATORIA DE VOLUNTADES, ENERGÍAS Y PENSAMIENTOS SON MULTIPLICADORES EXPONENCIALES DEL ÉXITO, SOBRE TODO CUANDO SE ENCUENTRAN TODAS ESTAS ALINEADAS Y PROYECTADAS A LA OBTENCIÓN DE UN OBJETIVO EN COMÚN.

Esta idea que te enseñé en el cuadro anterior, David lo aprendió con sudor y lágrimas durante sus largos años de servicio, en los diferentes escalones y puestos que fue ocupando dentro de la carrera, y en las diferentes situaciones que le tocó vivir junto a sus camaradas. Pregonó continuamente esta filosofía para con sus compañeros de trabajo, estando codo a codo junto a ellos, cuando fuese necesario sería uno más, predicando continuamente con el ejemplo, sufriendo con aquellos que les tocaba alguna perdida y disfrutando del éxito de aquellos que lo conseguían, siendo y demostrando siempre la tan importante empatía que te mencioné párrafos más atrás.

Era perseverante, determinado, dedicado a pleno, jamás desistía, jamás bajaba los brazos o se daba por vencido, sabía que los resultados no vendrían de la noche a la mañana, pero llegarían tarde o temprano, todo necesita de tiempo para concebirse y no siempre disponemos de la información exacta para saber cuándo ese tiempo llegará, sin embargo, como todo resulta ser causa y efecto, tarde o temprano ocurrirá. Estaba seguro que estaba transitando el camino correcto, que su accionar era el indicado, quizás los resultados demoraban más tiempo que el deseado o esperado, pero si así ocurría es porque así debía serlo, quizás algo estaba faltando por consolidarse, no hay que desistir antes de tiempo, si lo hago la próxima puerta podría ser la correcta, la indicada, la que se abriría, así suele suceder… tienes que aprender a perseverar hasta triunfar… recuérdalo!

Pregonaba en el ambiente laboral, en toda circunstancia que fuese posible y en todo ambiente, la alegría, la felicidad y la simpatía, la simplicidad y la espontaneidad, estos sentimientos y actitudes son multiplicadores del esfuerzo y la dedicación, del trabajo en equipo, de los logros, del valor y de la entrega, un buen ambiente laboral es fundamental para el alcance de los resultados pretendidos. Comprendía, ya a esta altura, que el día posee 24 horas y no se divide en 8 horas de trabajo y las restantes 16 son para vivir, no es así, las 24 horas se vive, lo que sucede en cada una de esas horas influye directa o indirectamente sobre las demás, por lo tanto, las personas deben ser felices tanto en su hogar como en su lugar de trabajo, por más seriedad que el trabajo requiera no significa con ello que deba ser molesto, mal humorado, tedioso o monótono. Es indudable que las personas rinden más cuando hacen algo que les gusta, en un ambiente placentero en el cual se sienten cómodos, y los líderes deben pregonar esto, son responsables de ello, si desean que sus subordinados den el máximo de sí. Una hora puede llegar a ser más productiva que ocho si nos encontramos 100% felices con la actividad que estamos realizando, si le dedicamos el máximo de empeño, dedicación, determinación y atención, convencidos totalmente de lo que hacemos y los resultados que obtendremos, siendo multiplicadores de todos estos factores y actitudes la motivación y la pasión.

Hace un tiempo atrás David había leído el libro «**EN CAMBIO**» del autor argentino **ESTANISLAO BACHRACH**, libro que recomiendo en su totalidad no solo por su significativo contenido, también por la forma sencilla y práctica que tiene el autor de expresar y explicar los conceptos que vuelca en el mismo. Entre los conceptos que esta obra vierte, más otros autores que reafirman estas ideas en sus obras, así como en artículos de revistas o en internet, y hasta en documentales de televisión, y basado principalmente en su experiencia personal, comprendía que el cerebro humano (no confundir con la mente), intenta incansablemente facilitarnos la vida, guiándonos a realizar el mínimo esfuerzo en cada actividad que realicemos para ahorrar energías, forzándonos o haciendo todo lo posible a su alcance para que no nos salgamos de las rutinas (por más mal que nos hagan las mismas), es parte de nuestro primitivo estado de supervivencia, una parte de nuestro cerebro que es muy añejo en cuanto a su evolución (una parte muy necesaria pero que necesita de nuestra supervisión). Es por ello que cuando tenemos determinadas actitudes y realizamos ciertas acciones de forma constante y repetida, el cerebro termina convirtiéndolas en hábitos que resultan recursos fáciles de disponer para este, ahorrándonos energías en su realización, accionándolos de forma casi que automática. Por esta razón, debemos de cuidar celosamente de nuestros pensamientos y con ellos de las actitudes que tengamos, y claro que de las acciones que realicemos. Al mismo tiempo podemos ejercitar a nuestra mente para mostrarle que se puede llegar al mismo destino transitando diferentes caminos, podemos obtener los mismos resultados realizando diferentes acciones, no siempre se debe hacer de la misma manera para obtener iguales o similares resultados, lo que cambia aquí es el **COMO**, pero el **FIN** continúa siendo el mismo.

De esta forma, encontrándose en esta etapa de cambios en su vida personal y profesional, comenzó a realizar ciertos ejercicios que le favorecieran en este sentido, arrancando las cadenas que lo apresaban a su antiguo yo, rompiendo las barreras que la rutina de pertenecer a determinado sector laboral y social le habían creado, necesitaba ampliar su óptica, flexibilizar sus decisiones, aceptar que existen otras opciones validas distintas a las que solía creer únicas. Constantemente le enseñaba a su equipo estos conceptos, a todo nivel, que abran sus mentes a nuevas posibilidades, pretendiendo que no se ahoguen en un vaso de agua. Siempre hay una salida, quizás no sea la que yo pretendía o me imaginaba, pero siempre hay otro camino, quizás no tan eficiente, sin embargo, será eficaz si logra el cometido, y esto es lo mas importante.

Si bien había comenzado esta nueva etapa y ya había realizado algunos cambios trascendentales, cambios desde la raíz, aún le restaba trabajar en su inconsciente, en lo profundo de su mente. Es entonces que comenzó a realizar algunos ejercicios simples que directa o indirectamente trabajan en ese aspecto. Por ponerte un ejemplo que quizás te sirva y debas implementar en tu vida cotidiana, todos solemos tener caminos preestablecidos para dirigirnos desde nuestro hogar al trabajo y viceversa, también posiblemente tengamos un Plan B para determinadas circunstancias, días u horarios, esto está muy bueno porque demuestra cierta planificación, organización y una administración nuestro tiempo, sin embargo, y como todo ocurre en la vida, nada es en su totalidad blanco o negro sino que existen matices de grises, o como el Yin y el Yang, en todo lo bueno podemos encontrar algo malo y viceversa. Ese método también puede encasillarnos en que solo existen una o dos formas de llegar a ese destino, de obtener ese resultado, alcanzar ese objetivo, suele sucedernos y generalmente no lo reconocemos, que actuamos de maneras muy similares en todo aspecto de nuestras vidas. Por esta razón es que comenzó a tomar distintos caminos casi al azar, obviamente que orientados a alcanzar ese resultado, pero si los fue variando, ampliando las posibilidades, flexibilizando las posibles soluciones y procedimientos, algunos días iba en su automóvil, otras en taxi, a veces en autobús, e inclusive en alguna ocasión hasta en bicicleta. Sin embargo, es importante resaltar que el Plan B debe ser siempre con respecto al «COMO» y no al «QUE», no al resultado esperado, que busco decir con esto, que no debemos conformarnos con lo que queda, con menos de lo que deseamos, sino que debemos comprender que existen varias formas de llegar a nuestro objetivo… siempre debe haber un único resultado aceptable en referencia a lo que pretendemos obtener, un único objetivo que busquemos alcanzar… si quiero una manzana no puedo conformarme con una naranja, seguiré buscando de todas las formas existentes hasta alcanzar mi manzana, porque eso es lo que quiero, eso es lo que busco, es lo que pretendo, es lo que deseo, y estoy convencido que es lo que merezco. Con el tiempo su mente comenzó a tomar algunas decisiones en automático en base a su nueva estructura mental, esa que había entrenado en este tiempo, casi que instintivamente, elegía el mejor camino para cada día sin que él tuviese siquiera que pensar por dónde ir o como hacerlo, no obstante, cuando quería ver algún paisaje en especial o pasar por alguna tienda determinada, sabía qué camino tomar y que este sería eficaz.

Otro ejercicio que comenzó a realizar es cambiar los lugares donde realizaba determinadas compras para el hogar, inclusive a veces paraba en el primer centro comercial o comercio que se le apareciera, y allí realizaba las compras. De esta forma veía que existen más opciones y que generalmente la que uno cree que es la mejor opción, o inclusive la única, quizás no lo sea, e igualmente conseguía comprar lo que estaba buscando, solo que en otro lugar o con otro envoltorio, generalmente era eficaz y en ocasiones hasta eficiente (el costo del producto podía ser más económico o había alguna promoción que le sirviese). En algunas ocasiones cuando le tocaba cocinar la cena, obviaba al azar algún ingrediente de la receta original del plato que iría a preparar (claro que no el principal), y se esforzaba por obtener buenos resultados encontrando nuevas soluciones u opciones, como pueden ser otros víveres, especias, condimentos y las cantidades de los mismos. Así fue entrenando su mente y también lo hizo con sus hijos, con distintos juegos donde debían buscar diferentes opciones o caminos para alcanzar algo, en esos casos jugaba un papel importante la frustración de los pequeños, era un gran reto como padre. Por ejemplo, solía hacer uno donde debían pintar determinadas figuras, de objetos o de la naturaleza, y les quitaba algún lápiz de color que a priori significase el color indicado para esa figura. De esta forma los pequeños aprendían que por más que les faltase determinado instrumento podían resolver igualmente los problemas que se les presentasen, mezclaban colores o los pintaban de otro color semejante al indicado.

TODO AVANCE EN LO CONCERNIENTE AL DESARROLLO PERSONAL, DE LOS EQUIPOS DE TRABAJO, GRUPO DE PERSONAS, ORGANIZACIONES O INSTITUCIONES, TIENE COMO PILAR FUNDAMENTAL COMPRENDER QUE DEBEMOS ENFOCAR Y CENTRALIZAR NUESTROS ESFUERZOS EN AQUELLO QUE ESTÁ A NUESTRO ALCANCE DE MODIFICAR O SOLUCIONAR, DEJANDO ASÍ DE DESVIAR ESFUERZOS, RECURSOS O TIEMPO EN AQUELLO QUE NO DEPENDE DE NOSOTROS, EN ESOS FACTORES EXTERNOS QUE NO PODREMOS INFLUIR, AL MENOS EN EL CORTO O MEDIANO PLAZO, POR MÁS QUE ELLOS SI PUEDAN HACERLO CON NOSOTROS... Y DE ESTA MANERA, QUIZÁS LOGREMOS INFLUIR EN ELLOS Y CON EL TIEMPO TAMBIÉN MODIFICARLOS, REDUCIR O SUPRIMIR LA AFECTACIÓN QUE NOS PROVOCAN.

Como ya lo he mencionado, y lo podrán apreciar aún más a lo largo de los siguientes capítulos del libro, nuestro protagonista sabía que el éxito de los equipos, de los grupos, sean familiares, amistades, deportivos, laborales, cualquier grupo de personas que se te venga a la mente, radica básicamente en que todos posean ese espíritu de cuerpo, ese sentimiento de pertenencia que los arraigan al mismo, bajo una o varias metas en común. Para ello resulta fundamental que todos y cada uno dentro de estos se sienta importante, claro que cada uno ocupa su lugar jerárquico o funcional, cada uno es equivalente a una pieza distinta del rompecabezas, el que conforman todos los integrantes de ese equipo. Indudablemente, el grado de incidencia o responsabilidad será distinto, pero no quiere decir que tenga mayor o menor importancia que el resto, simplemente diferente. Sino analiza cualquier motor, estos tienen muchas partes y engranajes, cada una de diferentes tamaños y formas, fabricados con distintos materiales acorde a su función, y hasta tal vez de diferentes orígenes, cada una de estas partes cumple una determinada función, específica. Sin embargo, todas estas partes colectivamente conforman un todo, una única máquina, que funciona gracias a que cada una cumple con lo que debe hacer, si una de estas falla, todo el sistema lo hace, o no alcanza funcionar de manera óptima y eficiente.

Es por esta razón, que imaginó una idea transformadora, una que concibiera a la empresa como un equipo perfecto, uno que funcione tal como lo hace una orquesta sinfónica de la más sublime excelencia, una donde cada músico que la conforma alcanza el más elevado nivel con su instrumento, que son su mejor versión en el papel o rol que ocupan, con exquisita precisión individual y colectiva, con total entrega a la causa, una cuyo sonido alcanzado sea la sumatoria de ondas ordenadas y regulares, exquisitas y perfectas. Aspiró implementar un sistema en el cual todos los integrantes del equipo de Líderes participe de alguna manera en las decisiones o proyectos de la empresa, que cada uno pudiera opinar y utilizar su ingenio para buscar soluciones a los diferentes problemas que existieran o pudieran sucederse, y al mismo tiempo, que cada uno de ellos haga también participes a los integrantes de sus respectivas áreas. Es así que todos los integrantes de la empresa se idearían comprendidos con el desarrollo y evolución de la misma, se enfocarían en un bien en común, todos se sentirían como una parte significativa del proyecto. De esta forma y al mismo tiempo, la empresa se vería beneficiada al aprovechar al máximo del ingenio e inteligencia de cada uno de sus integrantes, ya que muchas veces las respuestas a las preguntas que nos hacemos, o las soluciones a los problemas que se nos presentan, vienen de los lugares menos imaginados o de las personas menos pensadas.

LA SINERGIA ALCANZADA POR A LA CONJUNCIÓN DE LAS ENERGÍAS DE LOS INTEGRANTES DEL EQUIPO, ENFOCADAS A LA OBTENCIÓN DE UN OBJETIVO EN COMÚN, RESULTA INDISPENSABLE PARA EL ÉXITO DEL MISMO... LA SUMATORIA DE LAS VOLUNTADES DE ESAS ALMAS, ENFOCADAS EN UN MISMO FIN QUE LAS UNE, FUE, ES Y SERÁ SIEMPRE MÁS PODEROSA QUE LOS ESFUERZOS INDIVIDUALES.

Luego de pensar cómo podía llevar a la práctica esta idea, les ordenó a los gerentes y sub gerentes de las diferentes áreas y secciones de la empresa, que semestralmente, con fecha a determinar, en jornadas que se denominarían «**JORNADA DE LLUVIA DE IDEAS**», cada uno de estos debía de elevarle un documento escrito con un valor no mayor a 3 hojas (para no volverlo tedioso), donde plantearan 3 soluciones o proyectos, a 3 problemas existentes o que pudiesen existir, nuevos productos o servicios, o maneras de trabajo.

Tenía la salvedad de que cada uno debía ser apuntado a un tema
en particular y en el siguiente orden:

1. **PROYECTOS Y SOLUCIONES A LA EMPRESA EN GENERAL**: como un
   todo, a favor de la tecnificación, modernización,
   innovación, valorización, organización,
   posicionamiento en el mercado, y demás aspectos
   enfocados al desarrollo y perfeccionamiento de la
   misma.

2. **PROYECTOS Y SOLUCIONES DE SU ÁREA ESPECÍFICA**: enfocado en su
   área de responsabilidad específica, a favor de la
   tecnificación, renovación, modernización e innovación
   de su sector, así como la capacitación y motivación de
   su personal.

3. **PROYECTOS Y SOLUCIONES ENFOCADAS A CORREGIR O MEJORAR ASPECTOS
   CONCERNIENTES AL PERSONAL DE LA EMPRESA, AL BIENESTAR DEL
   PRINCIPAL RECURSO A CUIDAR**: para darte algunos ejemplos;
   que mejore aspectos de la salubridad, del descanso, de
   las condiciones laborales, que suban la moral y el
   estado de ánimo, que creen un clima de respeto y
   armonía, mejorar o modificar el estado físico de las
   instalaciones para volverlas más agradables,
   higiénicas, saludables, entre tantas otras posibilidades
   existentes.

UN EQUIPO, SEA CUAL SEA ESTE, A QUE SE DEDIQUE, QUIENES LO CONFORMEN, Y DEMÁS CARACTERÍSTICAS QUE LO HAGAN DIFERENTE Y ÚNICO CON RESPECTO AL RESTO, FUNCIONA TAL COMO LO HACE UNA CADENA, EN LA CUAL CADA ESLABÓN OCUPA SU ÚNICO LUGAR, NO HABRÍA UNA CADENA SI ESTO NO FUESE ASÍ. LA MISMA SERÁ TAN FUERTE O DÉBIL COMO EL ESLABÓN MÁS DÉBIL QUE LA CONFORMA, SIN IMPORTAR SU POSICIÓN O EL LUGAR QUE OCUPE DENTRO DE LA MISMA. IMAGÍNATE QUE POSEES UNA CADENA CONSTRUIDA CON ESLABONES DE HIERRO FORJADO, REFORZADOS TRANSVERSALMENTE, DE 5 CENTÍMETROS DE ESPESOR, SIN DUDA ALGUNA ESTA SERÁ EXTREMADAMENTE FUERTE Y PODRÁ SOPORTAR EL ANCLAJE DE UN BUQUE, SIN EMBARGO, SI UNIMOS EN ESA MISMA CADENA A DOS DE SUS ESLABONES CON UNA CUERDA DE HILO PARA ACORDONAR BOTAS, ESA CADENA SERÁ TAN FUERTE Y TAN DÉBIL COMO ESA CUERDA, MÁS ALLÁ DE LA FORTALEZA Y RESISTENCIA QUE EL RESTO DE LOS ESLABONES POSEAN.

Para reafirmar las ideas, conceptos y planes que solían hablar en las reuniones que poseían, y al mismo tiempo para analizar realidades que aporten al desarrollo, perfeccionamiento y crecimiento del factor humano de la empresa, entendía que era necesario al menos dos veces al año reunirse con este grupo de líderes para que cada uno pudiese plantear un ejemplo real que le haya sucedido durante ese transcurso de tiempo, exhibiéndole al resto un problema o situación que debieron de afrontar junto con sus equipos, y exponer que hicieron en ese caso específico. Cada uno debería de exponer que recursos utilizaron en ese caso en particular y en caso que volviese a sucederse una situación idéntica o similar, si utilizarían o no los mismos recursos, o si ejecutarían algunas modificaciones en los procedimientos necesarios. Procuraba que comentasen si habían conseguido utilizar o desarrollar alguna o algunas de las herramientas o ideas que habían aprendido en las reuniones previas, y a raíz de la utilización de estas, que conclusiones pudiesen sacar en referencia a su efectividad, que mejoras les harían, como las adaptarían mejor a su sector o a las características de su equipo. Como punto final, les pedía que aportaran las lecciones aprendidas, tanto para su sector en particular como aquellas que entiendan puedan serle de utilidad a otro sector de la empresa o a todos los allí presentes. De esta forma el sistema se retroalimenta, aprendemos de las experiencias propias y de otros, con el objetivo principal de hacer continua la mejoría. Resulta ventajoso entender que debemos de hacer todo lo posible a nuestro alcance para continuar creciendo, avanzando, desarrollándonos y perfeccionándonos a favor de la obtención de nuestros objetivos. Para ello es importante no volver a cometer los mismos errores, deberíamos haber aprendido de estos cuando los cometimos, y si fuese posible, dejarlo asentado en alguna clase de memoria o memorándum que nos ayude en un futuro. En este sentido, aprender de los errores y experiencias de los demás, igualmente resulta significativo, ya que no necesariamente debemos cometer nosotros los mismos errores para comprenderlos.

VI.   EL ESQUEMA DEL ÉXITO

Organizar los pensamientos y las ideas es fundamental para alcanzar los resultados deseados, así como también lo es planificar los pasos a seguir para la obtención de los mismos, para transformarlos en realidad.

Pese a todos los esfuerzos que realizaba para conocer a todos quienes conformaban parte de sus equipos, desde las más altas esferas, los encargados de área, dependencia u oficina, hasta los peones, cadetes o conductores, conocer a todos o al menos a la mayoría, parecía una meta muy difícil de alcanzar. Objetivamente resulta dificultoso para un líder conocer a todos los que conforman parte de su equipo cuando este es muy numeroso, extenso, e inclusive en ocasiones se encuentra diseminado en diferentes locaciones, sectores, oficinas, áreas o hasta ciudades o países, asimismo la rotación de personal dificulta esto, e innumerables factores pueden incidir, seguramente por más esfuerzos que realice y por más tiempo que invierta en hacerlo, difícilmente logre alcanzar ese cometido. Sin embargo, esto ocurre diferente cuando los equipos están compuestos por un número reducido de integrantes y aún más favorecido cuando se encuentran en una misma locación o recinto, en estos casos no hay excusa alguna para no conocer al dedillo a cada integrante del mismo.

Es entonces que David, pese a esforzarse cada día al máximo, para estructurar y organizar cada oficina, para liderar el cambio favorable hacia la realización de los objetivos grupales y de la empresa como un todo, pese a todos sus esfuerzos siendo el primero en llegar y el último en irse, como Líder que era, debía comenzar a gestionar y dejar de dirigir. Hasta ese momento gran parte de su labor diario había sido dirigir y eso no alcanzaba, no era lo adecuado para que perduraran los cambios que comenzó a realizar en pos de llevar sus áreas y equipos al éxito. Los líderes hacen lo que dicen que van a hacer y permanecen motivados hacia el gran objetivo, lo hacen sin la necesidad de recibir recompensas, sin embargo y en contra partida tanto los gerentes como los jefes, trabajan en base a metas a corto plazo con la necesidad de reconocimientos y elogios más regulares, no lo hacen por la satisfacción de alcanzar un objetivo, sino que por la necesidad de recibir algo a cambio por entero beneficio personal e individual.

Consecuentemente, para convertirse finalmente en el líder que sus equipos necesitaban, que la empresa requería, algo aún le faltaba, una pieza fundamental para figurar e ilustrar sus ideas, modelos, instrucciones y metodologías, le restaba plasmarlas en papel, en alguna clase de documento, para que estas estuvieran allí siempre para aquellos que necesitaran refrescar la memoria o consultar alguna duda, e inclusive para enseñarle a los nuevos empleados que viniesen a trabajar en esas áreas o inclusive en toda la empresa.

Como has de saber, una de las características principales de los Líderes es la escritura, y no con ello quiero decir simplemente a escribir libros o memorándums, pueden ser simples notas, o alguien puede hacerlo por ellos, el tema radica en que los líderes registran todo lo importante para que esto no solo quede como memoria del pasado sino para que le sirva a otros en un futuro, para poder sacar conclusiones, por ejemplo comparando dos hechos que se sucedieron en diferentes momentos o de diferente forma, y esta registrado, por lo tanto puedo compararlos y sacar de ese análisis las mejores conclusiones que favorezcan a la toma de decisiones en el presente o en el futuro. Es por todo esto, que comprendió que debía diseñar algo que pudiera ayudarlo tanto a él como a su equipo, a alcanzar el éxito, algo así como marcar el camino con pasos a seguir fácilmente identificables, específicos y organizados, algo esquemático tal vez podría ser la solución.

Es entonces que le dedicó varias noches a esta idea, luego de cenar con su familia y junto a su esposa dormir a los pequeños del hogar, hipotecando horas de sueño, se retiraba haciendo el mínimo ruido posible al pequeño balcón de su apartamento. Allí bajo la luz de una tenue lamparita, sentado en una silla que había sido de sus abuelos y una pequeña y añeja mesita de madera, dejó correr su imaginación e ingenio. Contaba tan solo con un cuaderno y un lápiz, algún reglamento viejo de su carrera castrense y algunos libros sobre diversos temas empresariales, de gestión y de liderazgo, todos ellos cuales había señalado, subrayado o marcado donde le pareciera relevante o importante, porque él no solo leía libros, los analizaba y estudiaba. Allí se encontró durante varias noches, acompañado siempre de una taza de café para no dormirse, ya que el cansancio de esos tiempos se hacía sentir y los parpados pesaban sobre sus ojos como amarrados a un yunque. Fue en ese lugar y momento, donde ocurrió la magia, muchas hojas y borrones sobre la mesita y por el piso, entonces se encontraba el viejo Capitán, tal cual un virtuoso pintor creando sobre un lienzo su majestuosa obra de arte, la que se convertiría en una pieza fundamental para su éxito personal y colectivo, de los integrantes de la empresa y de ella como un todo. Logros que comenzarían inicialmente por las áreas directamente a su cargo, para luego expandirse a la totalidad de la empresa, contagiándose por los resultados y ganancias, por el entusiasmo y motivación de los integrantes de sus equipos, y todo esto llevaría a la misma a jugar y triunfar en las grandes ligas, las que aún le eran esquivas.

Como lo mencioné anteriormente, le costó varias noches tenerlo pronto, no habría de dejar cabos sueltos en este, no podía concederle lugar a las incertidumbres, debía ser no solo eficaz, sino que a su vez, práctico de realizar y sencillo de comprender. Para cuando logró terminarlo, en la madrugada que lo finalizó, disfrutaba de tantas ansias que no pudo esperar al alba, los sentimientos de regocijo, de alegría y satisfacción por haber obtenido los resultados esperados y deseados, no podrían dejarlo dormir. Es así que esa misma noche, en esa madrugada, se dirigió rápidamente a su dormitorio, haciendo el menor ruido posible, y beso en la frente a su esposa, luego hizo lo mismo con cada uno de sus hijos. Luego de despedirse de su familia, tomó su traje, camisa, medias, zapatos, desodorante, perfume, afeitadora, cepillo de dientes y todo lo necesario para la jornada laboral, lo guardó en un bolso y rápidamente se marchó a su oficina.

Llegado a ella, lo recibió Oscar, un veterano funcionario de seguridad que estaba a cargo de las puertas de ingreso de la empresa en el horario nocturno, a quien saludó fervientemente. Oscar no comprendía el entusiasmo de David y hasta inclusive le dijo «Señor, hace mucho tiempo que no lo veía tan entusiasmado, se lo nota apasionado y rebosante de alegría, seguramente hoy sea un día estupendo para usted y la empresa, puedo verlo en sus ojos», a lo cual David asintió con su cabeza y expresando una sincera sonrisa le respondió «Así será estimado Oscar, así será». Al entrar a su oficina dejó su bolso sobre el escritorio, eran poco más de las 4 A.M., rápidamente comenzó a imprimir en papel de cartón las pancartas que luego pegaría en carteleras y paredes de cada una de las oficinas, dependencias y áreas que de él dependían, imprimió pequeños folletos y panfletos también, y los fue dejando sobre escritorios, mesas y bancos, para que cuando cada persona llegase a trabajar se encontrase con toda esta idea revolucionaria, una que cambiaría la forma de pensar y actuar de cada uno y del conjunto, al menos con respecto a la empresa y su desempeño. Esta idea les recordaría a todos y a cada uno que, como integrantes del equipo, sea cual sea el lugar que ocupasen en él, el éxito o la derrota es de todos y para todos.

Luego que terminó de panfletear la compañía, tomó asiento en su oficina y alcanzó su agenda, con ella en mano comenzó a analizar las fechas más cercanas y posibles, para realizar charlas de instrucción a los encargados de las diferentes áreas, dependencias u oficinas, sobre la nueva metodología que les presentase. De esta forma, él mismo los instruiría detalladamente y se aseguraría que comprendiesen cada idea y detalle de la misma, al punto que cada uno lograse hacerse de esa metodología como suya, como propia, que cada uno sintiera el efecto de ella y posteriormente con energía revitalizante instruyera a sus subordinados dentro de cada sector, con el mismo ahínco que él lo hizo, con la emoción de haber encontrado la llave del éxito. Es fundamental que cada líder sectorial demuestre a sus respectivos equipos su capacidad de mando y liderazgo, este punto David lo tenía bien en claro, así había trabajado durante su carrera castrense y lo había aprendido principalmente por el rechazo que le causaban aquellos superiores (no líderes) que pretendían todo el tiempo opacar al resto y figurar egocéntrica y egoístamente, siempre ellos primeros y por sobre los demás, no dejándole lugar a sus encargados subordinados para trabajar con libertad, para mandar, esos que les encanta bajar escalones todo el tiempo.

Por todo eso es que los guio y encaminó, siempre estuvo allí para aconsejarlos, pero los dejo ser los protagonistas en cada sector, los dejó trabajar, los dejó ser. Sin embargo, les exigió y controló casi a diario al principio, que llevasen consigo permanentemente, en uno de sus bolsillos, una tarjeta con este esquema, para así nunca olvidarse, que les sirviera para refrescar la memoria si lo necesitasen. De esta forma, no pecarían de soberbia que los llevase a incurrir en errores que significasen el fracaso de sus respectivos sectores.

Cada palabra, cada punto, cada cuadro, cada idea que se desprende, cada símbolo y cada línea del esquema fueron diseñadas minuciosamente, llevándolo lo más cercano posible a la perfección, todo analizado, razonado y en gran parte comprobado empíricamente, ya que muchas ideas y herramientas que este contiene fueron diseñadas de una u otra forma durante o para conflictos armados y selladas con la sangre de valientes soldados, la eficacia y eficiencia de algunos de sus conceptos fueron demostrados en los campos de batalla a lo largo de la historia del hombre, así como otros fueron implementados por los grandes líderes empresariales que lograron llevar sus empresas a los logros y éxitos más grandes jamás alcanzados, y a ellos mismos, a convertirse en millonarios. Es así que muchos de estos conceptos aisladamente o formando parte de diferentes instrucciones, son inculcados en las diferentes etapas de la carrera militar, desde las ideas más básicas enseñadas a los soldados, hasta las tácticas y estrategias enseñadas a los altos rangos de la oficialidad, así como también algunos son inculcados en prestigiosas universidades a lo largo y ancho del mundo, a sus alumnos. Verás que posiblemente conozcas la gran mayoría de estos conceptos, sin embargo, generalmente el problema no resulta de la ausencia de conocimiento teórico que poseemos, sino que del ordenamiento, de la organización que le damos al mismo, junto con la adecuada planificación y determinación para pasar a la acción, la ejecución de estos conocimientos e ideas.

Entonces…

¿Por qué le dedicó mucho tiempo a diseñar esta metodología?

Lo hizo ni más ni menos que para resolver los problemas e inquietudes que te describí en las palabras indicadas en los últimos renglones del párrafo anterior. Porque desde el momento que poseo un método, con la suficiente motivación y determinación, podre alcanzar constantemente buenos resultados mientras lo ejecute, y al mismo tiempo, podré flexibilizarlo, modificarlo o modernizarlo adecuándolo a los cambios inevitables que el tiempo y sus avatares traen consigo, continuando de esta forma con los buenos resultados, siendo exitoso. Sin embargo, si solo me enfoco en el resultado y no en el método y el proceso para alcanzarlo, probablemente lo obtenga, no es imposible, pero difícilmente pueda continuar obteniéndolo con el transcurso del tiempo y me será extremadamente difícil hacerlo si cambian actores o factores. Ya que de esta forma tendré casi que empezar de cero en cada ocasión, por consiguiente, el mal uso de los recursos, tanto humanos como materiales o logísticos, será una constante. Para que este proceso de triunfos, de éxitos sea constante y perdurable en el tiempo, resulta ser una pieza fundamental la presencia del Líder, quien será responsable de organizar, dirigir y finalmente gestionar estos procesos y quienes intervengan en ellos. Obtener una buena metodología de trabajo es en gran parte una llave de éxito inmutable, siempre y cuando esté diseñada de manera flexible y permeable a los constantes e irremediables cambios. Existen miles de ejemplos de personas, grupos de personas, equipos o grandes empresas que han sido exitosas en algún momento de su carrera o existencia y en algún momento quedaron en el olvido, obsoletas y terminaron en banca rota o en la sumida derrota, al no adaptarse a los cambios. Es por esto que los métodos no deben ser nunca rígidos, deben siempre dejar alguna puerta abierta por si acaso, no debemos temer en modificarlos, no perderemos liderazgo alguno por ello, al contrario, mostraremos nuestra capacidad de adaptabilidad a los constantes cambios y el afán de superación al intentar mejorar y sofisticar lo ya existente. Cabe mencionarte que generalmente cuando ocurren estas situaciones desfavorables que te aludía, suele ser responsabilidad del líder por su mala gestión, por no ser permeable a los cambios, por ser demasiado egocéntrico y testarudo.

Toda metodología o planificación, que realmente se jacte de ser eficaz o eficiente, debe ineludiblemente ser medible, tanto en su proceso como en los resultados. Para ello y por esta razón, es que diseñó en los días posteriores planillas de evaluación detalladas y específicas, a los efectos de personalmente cotejar los resultados obtenidos por las áreas de la empresa de él dependientes, tanto en esa misma etapa y época del año anterior, así como también brindándole la herramienta necesaria para hacerlo a futuro, claro que dependiendo de las especificidades del sector si debía de ser trimestral, semestralmente o anual. De esta forma, podría obtener patrones reales que le señalaran la efectividad o eficiencia de los nuevos métodos y al mismo tiempo que modificaciones debería de realizarles para optimizarlos y adecuarlos a los cambios circunstanciales que se vayan sucediendo.

A continuación, sin más preámbulos, pasaré a enseñarte el Esquema diseñado por el Capitán, con el cual instruiría la metodología que había desarrollado para conseguir la ineludible eficiencia para alcanzar el éxito anhelado, tanto en lo personal como en lo colectivo. Estoy convencido que también esta te será de utilidad a ti, tanto en tu vida personal como en lo profesional, si tienes la capacidad de adaptarla y flexibilizarla a tu realidad y a tus necesidades. Luego de este veremos el significado de cada una de esas ideas, tal como David lo expusiera en su momento, a los integrantes del cuadro de líderes que él dirigía, en esa charla de instrucción que tuvo lugar en una de las salas de reunión de la empresa. En la misma había una gran mesa rectangular al centro, de vidrio transparente, rodeada de sillas tapizadas en cuero ecológico de color negro, también había una pizarra blanca para marcadores de tinta en el fondo. En una de las paredes pegó el esquema entero, impreso en proporciones bastantes grandes para poder ser fácilmente visto y legible por todos los presentes en la sala, al costado de este pegó otras hojas con el esquema desglosado en partes, para simplificar y hacerles comprender cada una de ellas. Era imprescindible que percibieran que durante este proceso existen una sumatoria de sucesos que ocurren al mismo tiempo y durante la totalidad del mismo, casi que continuamente, diferentes partes que conforman al todo y que en su conjunto sustentan el éxito de esta metodología. De forma contraria y en contrapartida, la no ejecución o la práctica incorrecta en cualquiera de estas partes, por aislado, haría caer la metodología y los conduciría al ineludible fracaso.

Asimismo, pegó una hoja apartada del resto, con un esquema circular cíclico el cual denominaba **PROCESO DE TOMA DE DECISIONES**, el cual explicó al detalle, y no fue entregado a nadie más que a los presentes en la sala, los propios encargados y líderes de las diferentes áreas, dependencias y oficinas, ya que son estos quienes toman decisiones que afectan e inciden directamente en los procesos de producción, de desarrollo, de administración y por lo tanto en el éxito de la empresa. Como líderes debían aprender a tomar decisiones, lo mejor posible, meditadas y analizadas, estas no podían partir de la pasión, de la irresponsabilidad, del apuro, de la falta de análisis ni de la ligereza, así como tampoco de la falta de observación o desconocimiento de los recursos existentes o necesarios. Recuerda que un líder es un factor multiplicador, por consiguiente, sus decisiones tienen ese efecto para con sus equipos, sus subordinados.

A CONTINUACIÓN, TE ENSEÑARÉ COMO LUCÍA EL ESQUEMA...

ESQUEMA DEL ÉXITO
NORMAS – DIRECTIVAS – REGLAMENTOS – LEYES: LEGALES / ÉTICAS / MORALES   (CUMPLIMIENTO Y RESPETO)
PROCESO TOMA DE DECISIONES
DETERMINACIÓN   DISCIPLINA   FE   OPTIMISMO   DEDICACIÓN   CONFIANZA
ÉXITO
PUNTO DE PARTIDA
OBJETIVO INICIAL
OBJETIVO INTERMEDIO 1
OBJETIVO INTERMEDIO 2
OBJETIVO INTERMEDIO X
OBJETIVO FINAL
DÍA 1   METAS DIARIAS
DÍA 2   METAS DIARIAS
DÍA 3   METAS DIARIAS
DÍA 4   METAS DIARIAS
DÍA 5   METAS DIARIAS
DÍA 6   METAS DIARIAS
DÍA X   METAS DIARIAS
ENFRENTAR LOS TEMORES
ADAPTARSE A LOS CAMBIOS
DISFRUTAR DEL PROCESO
REGOCIJARSE CON LOS LOGROS
AMENAZAS (POSIBLES/PROBABLES/REALES)   RIESGOS   VULNERABILIDADES
ÁREAS DE INTERÉS   ÁREAS DE INFLUENCIA   PUNTOS CRÍTICOS

Entonces, ya con todos en la sala, los directores y encargados que lideraban las áreas que de él dependían, cerro sus ojos, abrió sus brazos apuntando al cielo, agradeciendo, nadie sabía a quién o a qué, pero lo hizo. Agradeció en voz alta y efusiva, por permitirle vivir esa jornada junto a tantas buenas personas, tantos buenos compañeros de trabajo, con los cuales compartiría largas jornadas de compromiso y esfuerzo en conjunto, y que al final resultarían en alcanzar juntos el éxito. También agradeció porque todos los allí presentes eran saludables, fuertes y prósperos, lo hizo también por la inteligencia emocional y la entereza moral de todos ellos, y culminó pidiendo salud, amor y prosperidad para las familias de todos ellos.

Luego abrió sus ojos y frente a la atónita mirada de todos los allí presentes, los que no conseguían comprender lo que había sucedido en ese lugar y en ese momento, comenzó dándoles la bienvenida y agradeciendo la presencia de todos ellos, los presentes en la sala. Seguidamente remarcó que cada uno de ellos significaba una pieza fundamental del equipo, que nadie era menos ni más que otro, simplemente cada uno ocupaba una parte diferente del engranaje empresarial. Expresó que cada uno como líder de sector o área, representaba una parte fundamental de la empresa, y que sin el trabajo de cada uno de ellos y su respectivo personal, la empresa no podría funcionar correctamente. Luego les señaló, efusivamente, que este día sería el principio de un cambio sustancial y profundo que los llevaría a todos como equipo al triunfo, personal y colectivo, que a partir de ese día transitarían juntos por el camino del éxito, y que esto solo ocurriría y sería posible si todos enfocaban sus voluntades y pensamientos en ello, si todos confiaban en ello.

Es entonces que luego, señalando el esquema pegado en la pared, comenzó diciéndoles… *«Como habrán observado aquí está el esquema que les dejé en forma de folleto por todas partes de la empresa, sobre escritorios y mesas, en las paredes y carteleras, en él trabajé durante muchas noches, confiando totalmente en los resultados y beneficios que nos proporcionará a todos y cada uno de nosotros, como personas y como equipo. Supongo que habrán notado en este tiempo que llevo trabajando junto a ustedes, que no me ha sido tan fácil la adaptación, que he cometido varios errores, pues cada proceso lleva su tiempo y tenía un amplio desconocimiento sobre varios aspectos de la empresa y del cargo que desempeño, no quiero que esto suene como excusa porque no lo es, si deseo reconocer frente a ustedes esta realidad, de la cual he aprendido mucho. Al mismo tiempo me habrán visto recorriendo cada área y charlando con todos ustedes, personalmente, en más de una ocasión con algunos, así como también con empleados dependientes de ustedes, he estudiado cada sector al detalle, he visto como trabajan, he analizado sus resultados y tiempos, he examinado los recursos humanos y materiales que disponen. Este esquema en gran parte es el resultado del análisis que he realizado de esas charlas tan enriquecedoras que he tenido con ustedes, de esas recorridas, junto con ciertos conocimientos teóricos y prácticos que he acumulado con la experiencia y la lectura. Es muy completo, ya lo notarán, y si bien es bastante sencillo de comprender, si lo leen y analizan con atención, tiene varios puntos que resultan importantes de resaltar o explicarles directamente con mis palabras, para que posean un cabal conocimiento sobre ellos. Porque si bien, es sencillo, posee muchos datos que resultan dependientes uno de los otros, y que transcurren al mismo tiempo y por consecuencia uno de los otros. Es así que vemos en él varios diagramas de flechas los cuales iremos desglosando juntos, uno por uno, como les mencionaba con anterioridad. Es importante que todos hablemos el mismo idioma para que conformemos un equipo compacto en pensamiento, en nuestras formas de actuar y decidir.»*

Esta jornada era tan importante o quizás más aún que el mismo esquema, que el mismo diagrama consolidado, como te mencionaba capítulos atrás, de nada sirve el conocimiento si no logro interpretarlo y llevarlo a la práctica, y en este ejemplo, si David no lograba expresarlo y explicarlo para su correcta interpretación, entendimiento y ejecución, por parte de su equipo. Nadie sigue las ideas en un papel solo por su contenido, sea quien sea que lo haya escrito, lo que seguimos es la pasión, los sentimientos y las emociones que nos generan esas ideas, lo que logran transmitirnos. Por consiguiente, si alguien nos demuestra personalmente las mismas y nos genera emociones fuertes, nos convence con su disposición, elocuencia, determinación y ardiente seguridad sobre lo que habla, lo que nos expresa y transmite, es de esa forma que lo seguiremos.

Es entonces que luego de darles unos minutos para que lo leyeran y analizaran, comenzó a referirse una por una a las impresiones separadas que desglosaban el diagrama en partes, fue paso a paso, sin dejar cabos sueltos…

Señalándoles este con su mano derecha mientras mantenía la izquierda sobre su pecho, les mencionó *«todo comienza con un ferviente deseo, transformándose este en un claro objetivo, sin este no habría ningún proceso o camino que nos conduzca al mismo. En su ausencia no existiría el éxito, ya que la obtención de ese objetivo es equiparable al éxito anhelado, al que deseamos de alguna u otra forma, tanto en lo personal y como al grupal, al del equipo».* Quitando la mano izquierda de su pecho y llevándola a su bolsillo prosiguió *«claro que de esta manera y luego de tener ese objetivo identificado y delineado, cualquier proceso comienza indefectiblemente con un punto de partida, en el cual debemos encontrarnos, reconocernos, analizarlo detenidamente y objetivamente, puesto que si no logramos identificar realmente donde, como, cuando y con que comenzamos, nos será imposible alcanzar los resultados*

esperados». Señalando con ambas manos sus pies, los cuales descalzó de sus zapatos en ese preciso momento de manera simbólica, continuó *«si no sé dónde estoy parado no podré saber a dónde voy con cada paso que dé, si no sé dónde estoy parado como podría identificar el norte o el sur desde mi posición?»*, y volviendo a calzarse señaló con un marcador que sacó de su bolsillo derecho *«durante este proceso entre el punto de partida y el objetivo final existe un transcurso lineal de tiempo, al cual generalmente seremos nosotros quienes le pondremos fecha de partida y fecha de culminación, y por lo tanto, poseeremos de esta forma una cantidad de días para su obtención, pero esto dependerá de muchos factores propios y ajenos, externos. Sucede en varias ocasiones que el tiempo disponible no depende pura y exclusivamente de nosotros, ya que tanto debemos solucionar un problema antes de determinada fecha, porque quizás sea una orden que recibimos por parte de un superior o quizás el incumplimiento de esto pueda traer consigo repercusiones negativas, cuales quieran que sean, lo sustancialmente importante en este punto, es identificar los días disponibles que tenemos, a partir de allí y con el estudio del objetivo final, habremos de identificar que también existen para el cumplimiento de este objetivo final otros objetivos, más pequeños por llamarlo de alguna manera, que se irán realizando y aconteciendo durante el proceso, y que cada uno de ellos nos acercará más al objetivo final».*

Mirándolos fijamente y de forma casi que amenazante, subiendo el tono de voz, pero sin llegar a gritar, reafirmando la idea expresó «*o nos alejará de él*». Volviendo al tono normal prosiguió «*en un comienzo tendremos un objetivo inicial que será el más relevante de todos y el punta pie inicial para conseguir el resto, inclusive quizás alguno de los demás no llegue en tiempo y forma*» dijo encogiendo los hombros y levantando ambas palmas de sus manos, luego aclaró moviendo ambas manos al frente y enfatizando la idea que se venía «*e igualmente, más allá de los pasa tiempos probables, logremos conseguir el objetivo final, sin embargo no lograremos conseguirlo si no alcanzamos el inicial, de esta forma vamos escalonando el proceso y consiguiendo dar pasos firmes, consistentes y que nos sirven de base e impulso para los siguientes. Jamás podremos alcanzar nuestro principal objetivo, llegar a destino, si no damos firmemente ese primer paso en la dirección correcta*».

Hizo silencio unos segundos, tomó un trago de agua del vaso que tenía sobre la mesa, leyó algo de sus apuntes que también se encontraban sobre ella e inmediatamente consultó si alguno de los presentes tenía alguna duda hasta el momento. Nadie hizo referencia alguna ni manifestó dudas. Esto podía significar dos cosas, o que todos habían comprendido la idea y estaban de acuerdo, o que habían quedado desconcertados e inclusive alguno temiese manifestar dudas o diferencias con lo planteado hasta el momento… más allá de esto, el decidió para si ver el lado positivo del asunto. Posteriormente elogió a la encargada de la oficina de suministros, que era una de los presentes, por el nuevo corte de cabello que se había hecho y a uno de los hombres presentes por el traje de estilo contemporáneo, a la moda, que vestía. Si bien esto pueda resultarte un tanto insignificante o superficial, en realidad es una táctica que todo líder debe implementar cuando está frente a un grupo durante una charla, reunión o conferencia, inclusive como padre de familia con tus hijos o como pareja con tu contraparte, resaltando cosas novedosas y bonitas sobre ellos, de esa forma les demuestra a los presentes su atención sobre cada detalle sobre ellos, que los detalles no se le pasan por alto, les da a entender que los conoce, que les presta atención, que son importantes para él, que no son un número más.

Luego escribió en la pizarra con letra sumamente grande *¡METAS DIARIAS!* y continuó exponiendo. «*Ya delineado entonces en nuestro esquema lineal el punto de partida, el objetivo inicial, los objetivos intermedios y el objetivo final, debemos comenzar a planificar y determinar las metas diarias a cumplir. Los pequeños cambios, actividades y procesos* *diarios nos permiten acostumbrarnos y adaptarnos a los grandes, de esta forma cumplir con metas diarias nos acerca al cumplimiento de cada objetivo intermedio y claramente a la obtención del objetivo final. Si quieren llegar alto y de forma segura a subir una escalera, que al final de la misma, sobre la cima, se encuentra el éxito deseado, deben hacerlo un escalón, un peldaño a la vez... disfrutando de cada paso ya que este significa que están más cerca de ella y que todo lo vivido quedó atrás, ya están por encima de todo lo que sucedió escalones por debajo, ya saben cómo subir hasta allí y ya conocen lo que se siente hacerlo, por lo tanto, si quieren o deben volver a hacerlo les será simple... pues ya han estado allí antes y saben cómo hacerlo. Estas metas diarias, por ejemplo, pueden considerarse también semanales, todo depende de la extensión en el tiempo para conseguir nuestro objetivo final, todo es variable y adaptable a las características de cada situación, esa flexibilidad le da a esta metodología su principal fortaleza y perdurabilidad en el tiempo, pese a los cambios constantes que irremediablemente se suceden».* Señaló y redondeo varias veces con el marcador las palabras en la pizarra y mientras lo hacía continuó diciéndoles *«debemos entender que no solo estamos cumpliendo pequeñas metas, sino que cada una de ellas son como un premio que funciona de incentivo multiplicador para ir por el resto, la gran muralla china no se edificó entera sino que un ladrillo a la vez, una maratón no se gana de un salto sino que de un paso a la vez, todo transcurre paso a paso, y existen miles de ejemplos extraordinarios que podría mostrarles, enseñarles o ejemplarizarles, muchos de ellos que ustedes mismos conocen, muchos ejemplos de la vida cotidiana».* Entonces comenzó pidiéndole a uno por uno de los presentes que le dieran un ejemplo de la vida cotidiana o de la misma empresa, cualquiera que sea, todos los ejemplos servían, lo importante era que hubiesen entendido la idea y se remarcara la misma con los ejemplos convencionales que cada uno mencionara, al mismo tiempo lograba que todos participasen y se sacasen la timidez, la vergüenza y hasta quizás el miedo. Seguidamente continuó *«no creo que sea necesario que yo les mencione otros ejemplos, estoy convencido que ya quedó esclarecido este punto, esta idea. Si no divido ese gran objetivo en otros pequeños que paso a paso me acerquen a él, veré el tiempo transcurrir y la no obtención del mismo me llevará a la decepción, a la lógica frustración… sin embargo, si logro identificar pequeños logros podré regocijarme con ellos y ver que es posible alcanzarlo, que falta menos, que voy bien encaminado».*

Entonces luego de esto borró la pizarra y dibujó un automóvil sobre una calle, debajo de este una raya con un 0km/h, y al final de la calle una línea de meta con un 100km/h, y señalando su obra de arte sobre la pizarra expresó humorísticamente *«primero quiero pedirles que no se rían y mantengamos la seriedad de la reunión»*, mientras el mismo reía y alguno de los presentes ya esbozaba una tímida sonrisa también. *«Tan solo quiere mencionar un ejemplo del funcionamiento de algo que se asemejaremos con este esquema lineal, y que también debe ir consiguiendo paso a paso el funcionamiento correcto y óptimo para alcanzar el resultado final. Como ocurre con un vehículo con motor a combustión, este no llega de 0km/h a 100km/h en un abrir y cerrar de ojos porque si, es un proceso que comienza con conocer que vehículo tengo y sus capacidades, de esto depende en gran parte si el objetivo puede ser alcanzado o no, en que pista o suelo intentaré lograr el objetivo, cuando lo intentaré, condiciones climáticas existentes, luego que combustible lleva y verificar que lo posea en el tanque o cargarlo, prontamente encenderlo, con el pie en el embrague (si es de transmisión manual) colocar primera y lentamente acelerar mientras quito el pie del embrague. Pero durante todo este proceso y los subsiguientes cambios de velocidades, para alcanzar el objetivo de los 100km/h, en el vehículo ocurren un variado de procesos y movimientos de partes y piezas que deben ocurrirse perfectamente y en sincronicidad para que alcanzar este resultado, la combustión, el desempeño de los sistemas de rodaje, de dirección, de frenado, de suspensión, eléctrico, de inyección y de lubricación entre otros. Muchas metas y objetivos intermedios deben cumplirse en el vehículo para lograr alcanzar ese gran objetivo final, y cada una de ellas es un triunfo de la ingeniería que lo diseñó y construyo».*

Terminado este ejemplo y mirando al auditorio extendió sus brazos abriendo las palmas de sus manos hacia arriba, hacia el cielo, y subiendo su voz enérgicamente les dijo «*todo gran objetivo tiene pequeños objetivos por cumplirse en el proceso a su obtención, que lo escalonan y nos catapultan al éxito, Roma no se construyó en un día amigos míos*».

Terminada la frase tomó asiento, dio 10 minutos de receso a la reunión, para que pudiesen tener un tiempo libre y volvieran a la reunión con nuevos bríos, despejados, para ir al baño o hacerse un café, y comenzó nuevamente a leer sus apuntes, preparando la siguiente parte de la exposición, no podían quedarle cabos sueltos y los presentes merecían la mejor exposición de su parte.

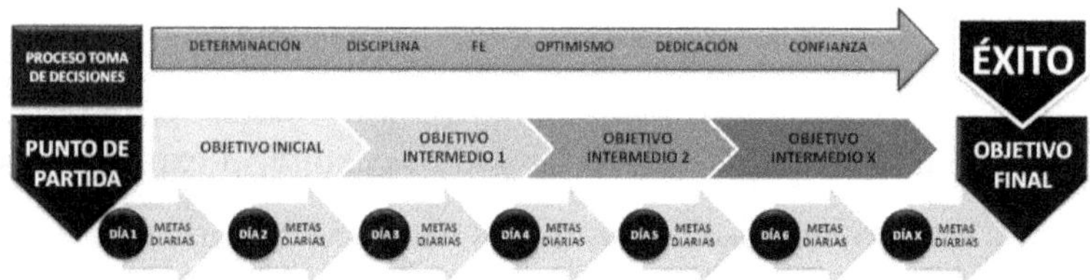

Prosiguiendo con la exposición, ya con todos presentes y habiéndoles dado un tiempo de descanso, se puso de pie y les señaló este diagrama, repasando con marcador rojo la flecha que se encontraba en la parte superior y transcurría de izquierda a derecha, en un único sentido, les dijo «*existen varios sentimientos, valores, cualidades y actitudes que debemos poseer durante la totalidad del proceso, durante todo el camino, que nos acompañan y nos fortalecen durante el mismo, como personas individuales y como equipo, estos son multiplicadores indispensables para la obtención de buenos resultados*», posterior a estas palabras comenzó a señalarles uno por uno y definirlos:

- *«la **Determinación** de ir por el objetivo deseado y cumplir cada meta planteada, pese a los obstáculos existentes y los contratiempos inevitables, es el bastión de la fuerza mental, moral, emocional y física necesarias, es la sumatoria de la perseverancia, la valentía, la fortaleza moral y espiritual, jamás desistir»,* subiendo el tono de voz tal cual una arenga y cerrando ambos puños hacia delante exclamó *«Persisto, resisto y jamás desisto»,* y prosiguió *«esta actitud juega un rol fundamental en los resultaos obtenidos, solo aquellos que decidan enfrentar sus miedos podrán dominarlos y destruir las cadenas que los encadenaban a ellos».*

- *«la **Disciplina** para esforzarse de forma permanente e invariable, manteniendo la línea de conducta marcada y necesaria para alcanzar los objetivos señalados, eliminando las tentaciones, siendo constante y encontrándose convencidos que los buenos resultados llegarán, logrando hacer de ella un hábito positivo y duradero. Siendo bastión preponderante la autodisciplina que cada uno de nosotros y de nuestros equipos tenga para consigo mismo, trabajando en su autoconfianza y autocontrol».*

- «la **Fe,** *como valor espiritual que acompaña nuestros ideales y nos brinda la confianza necesaria para la realización de los emprendimientos y obtención de los objetivos anhelados, siendo una fuente de poder insustituible, acrecentadora de nuestras aptitudes y actitudes, que les brinda sentido a nuestros deseos, los personales y los grupales».*

- «el **Optimismo** *para creer en nosotros mismos, la confianza que tenga cada uno de ustedes sobre ustedes individualmente y la que posean sobre el equipo como un todo, es esa certeza de que lo lograremos. El optimismo es la esperanza que nos llena de pensamientos y sentimientos positivos, que aseguran la obtención de los objetivos durante el camino y el proceso hacia ellos»* y nuevamente arengando a todos los presentes y elevando su tono de voz les dijo «*solo aquellos que con optimismo se arriesgan a ir demasiado lejos podrán descubrir hasta donde pueden llegar».* Luego bajando el tono de voz, casi que susurrando, tal cual una reflexión personal, mirando hacia abajo y asintiendo con su cabeza, dijo «*el optimismo es una óptica de ver y sentir las cosas,* *decido por voluntad propia ver el medio vaso lleno y no la parte vacía, con el convencimiento que atraeré buenos resultados que me ayudarán a alcanzar el éxito».*

- «*la* **Dedicación**… *que es el tiempo y esfuerzo que le brindo a la causa, la actitud firme de que obtendré los objetivos deseados, sirviendo nuestra entera atención y energía a las actividades planificadas para ir por estos resultados trazados. Es la total entrega a la causa en cuerpo y alma, todo mi ser transita ese camino con el convencimiento de ir por el camino indicado*» y nuevamente subiendo el tono de voz y golpeando suavemente la mesa con su puño derecho cerrado apuntó «*¡juntos transitaremos el camino del éxito!... ninguno de nosotros se apartará del mismo y quien pretenda hacerlo, por una u otra razón, desmereciendo el trabajo de todos nosotros, no merece formar parte de este equipo… y no tengan duda alguna que se lo haré saber y no me temblará el pulso para tomar las medidas que sean necesarias… aunque eso signifique despedirlo de la empresa*».

- Volviendo a un tono normal, a la calma, y luego de beber un sorbo de agua, prosiguió «*y por último la* **Confianza**, *en uno mismo y en el equipo del cual formamos parte, de que estamos realizando lo necesario y lo correcto, que transitamos el camino que nos llevará al éxito, a la obtención de los logros planteados individual y colectivamente. La confianza es el bastión fundamental del espíritu de cuerpo, nos da la libertad de sincerarnos y abrirnos a los demás, y claro, a nosotros mismos, creer en nuestras virtudes y en nuestro potencial. Confianza en mi equipo, en el compañero que está a mi lado, y en quien me cubrirá la espalda cuando sea necesario, como decían los tres mosqueteros - todos para uno y uno para todos».*

Tomó asiento, bebió otro trago de agua... mientras que se lograba escuchar como hacía unas pequeñas gárgaras con ella en su garganta, nada elegante por cierto, respiró profundo y continuó «*todas y cada una de estas cualidades son fundamentales en el proceso, y en el resultado final. Cuando los objetivos son grupales todo el equipo debe contar con estas, y apoyarse mutuamente para mantenerlas vigentes y en alza. Cuanto más duren los procesos, debido a lo más ostentoso de los objetivos, más difícil es mantenerse en ese estado de fortaleza mental y espiritual, necesarios para la obtención de los mismos, con el ahínco inexcusable, debido a diferentes situaciones profesionales y por sobre todo personales que puedan ocurrirse y que ocurrirán seguramente»*, mirando a cada uno fijamente a los ojos y señalándolos exclamó «*los integrantes del equipo deben apoyarse mutuamente, continuamente, recordando que son eslabones de una misma cadena y la fortaleza de ella es la de su eslabón más débil, la sumatoria de estas actitudes y valores juegan un rol fundamental en los resultados que obtendremos, tanto los positivos o los negativos, tardes o tempranos»*.

Volvió a mirar sus apuntes para rearmar la charla, y les dió 10 minutos para charlar entre ellos sobre lo expuesto hasta ahora, para consultarse dudas o preparar planteos… también para que se prepararan un café o un té mientras hacían esto. Terminados estos se puso de pie y se dirigió hasta el siguiente esquema.

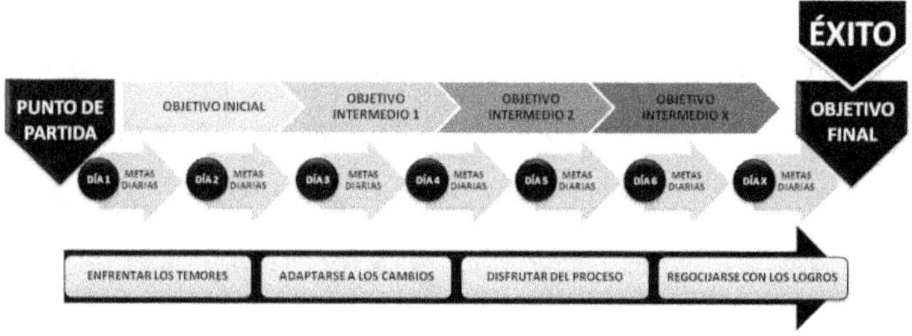

Señalando la flecha negra que se encontraba por debajo de la línea de objetivos, en dirección desde el punto de partida hasta el objetivo final, y que poseía en ella cuatro ideas encuadradas, les indicó *«durante el proceso deberemos enfrentarnos a nuestros temores, y al ser un equipo también al de los demás integrantes del equipo, pero esto no significa un mal augurio, puesto que si no estoy en movimiento y no emprendo un nuevo viaje, un nuevo camino hacia lo desconocido para obtener algo, no tendré temor alguno… nadie le teme a algo si no esta haciendo nada más que subsistir en su lugar de confort, y a no equivocarse con este concepto, eso no significa únicamente permanecer en un bello lugar con todo a su favor, próspero, feliz y abundante… quiero decirles que su lugar de confort*

puede significar mantenerse en un sitio espantoso bajo condiciones desfavorables, pero que están habituados al mismo… ósea, bienvenidos los temores cuando estamos en movimiento… vamos a vencerlos, juntos». Encogiendo los hombros y levantando sus palmas preguntó *«¿qué temor puedo tener en mi lugar de confort?»* y rápidamente se contestó enérgicamente a él mismo *«¡Ninguno!»* y continuó *«por esta razón es que tener temores significa indudablemente que estoy haciendo algo nuevo y yendo a alguna parte, moviéndome, cambiando, avanzando… es bueno, enfrentémoslos, puesto que si no abandonamos el esfuerzo, la causa, y comenzamos a vencer nuestros temores, descubriremos que existen nuevas oportunidades que estaban allí para nosotros, que tan solo debíamos descubrirlas. Debemos vernos erigirnos como triunfadores, en cada aspecto de nuestra vida, no solo aquí en lo profesional… también en su vida personal, con sus familias, con sus labores como esposos, esposas, padres o madres, también como amigos o cuando participan de un equipo deportivo… percíbanse como triunfadores todo el tiempo y en todo lo que realicen… no somos una persona diferente en cada lugar que estamos, o en cada rol que cumplimos… somos los mismos».* Luego volvió a preguntarle al auditorio *«¿Qué haríamos si no tuviésemos temores? ¿Qué grandes logros y satisfacciones obtendríamos si todo fuese fácilmente posible y al simple alcance de nuestras manos, sin realizar esfuerzo alguno? ¿Qué evolución como personas y como equipo gozaríamos ni no existiesen limitaciones y restricciones?».* Ya a esta altura de la reunión, todos se miraban entre si cuando él efectuaba alguna pregunta, sabiendo que las respuestas llegarían del mismo locutor que las hacía, es así, que entonces permanecieron callados y atentos. Así fue que sucedió, David se respondió él mismo, subiendo nuevamente el tono de voz y enfatizando la respuesta *«Nada, ninguno, cero, porque lo habitual o lo fácil no generan mérito alguno, y por lo tanto no significan logros ni nos regocijan en lo absoluto».*

Luego de un par de respiraciones profundas y relajadas, volviéndose hacia el esquema, señaló la idea que refería a los cambios y comenzó a decirles *«durante el proceso existirán cambios, tanto de los grandes como de los pequeños, el éxito gran forma depende de nuestra capacidad de reconocerlos y adaptarme a los constantes cambios que la vida nos presenta. El cambio es natural y universal, ocurre en todas partes, en todo el mundo y en todo momento, es quizás lo único constante que existe. El que no arriesga, el que no se adecua a los cambios, el que no cambia ni se transforma, el que no se adapta, queda relegado, obsoleto, no gana... y pagará el precio de esto sufriendo las penurias de la derrota, tarde o temprano así ocurrirá... y claro que eso nos compete también como equipo de trabajo, en esta empresa... y a ella como institución».* Consecutivamente se dirigió hacia la pizarra y comenzó a escribir nombres de reconocidas empresas y famosos líderes militares, y prosiguió hablando *«Es por ello que grandes empresas a lo largo de la historia han desaparecido, luego de ser de las más exitosas en su momento, con los mejores productos en su área, sus propietarios, líderes o gerentes, no se adelantaron a los cambios, se volvieron tercos, arrogantes y obsoletos, y por su absoluta negadez y testarudez, las llevaron a la ruina... de la misma forma grandes líderes militares que supieron regocijarse de grandes éxitos y logros, llevaron a sus ejércitos a la derrota y sus hombres a la muerte, por no cambiar sus obsoletas tácticas, por no modernizarse, por no adaptarse, por creerse más de lo que eran, por sus aires de superioridad y grandeza, fanatismo, testarudez y obstinación».*

Nuevamente se dirigió al esquema y subrayó el cuadro que decía **DISFRUTAR DEL PROCESO**, luego se volvió hacia el auditorio y les dijo *«debo disfrutar del proceso, hacerlo durante todo el transcurso del mismo, por más obstáculos que se presenten, por tantas subidas y bajadas, en cada momento… puesto que debo estar seguro que los resultados serán los esperados, no existe éxito ninguno sin un camino hacia él, y no podre jamás* *disfrutarlo y conformarme con la obtención del mismo si no disfruto del proceso, ya que el éxito no es solo el desenlace o el objetivo final, es el proceso y el camino hacia la realización del mismo»* y mientras remarcaba el último de los cuatro cuadros les decía *«es por ello que debo regocijarme del éxito que obtendré a lo largo de todo el camino, atrayéndolo hacia mí, como un imán que atrae lo que desea, lo que busca, lo que anhela. Debo verme y sentirme como si ya lo hubiese obtenido, saborear el éxito mientras que voy rumbo a su obtención. Cuando hablamos de un equipo es el líder quien conduce a su equipo por un camino que nunca hubiese ido hacia un destino que jamás habían soñado ir... así como yo pretendo hacerlo con ustedes y ustedes deben de hacerlo con sus subordinados».* Tomó una bocanada de aire y remarcó *«el éxito es posible tan solo si puedo imaginármelo, soñarlo, proyectarlo y sentirlo en mi esencia»* decía mientras tocaba su cabeza y luego frotaba su pecho.

La disertación se hacía un poco extensa, quizás hasta extenuante, sin embargo, David sabía que era necesaria, estaba convencido de ello, no había tiempo que perder, no podía dejar para mañana lo que podía y debía hacer hoy… ya había dejado pasar mucho tiempo ya. Tanto él como la empresa, necesitaban obtener buenos resultados, comenzar a encaminar procedimientos que garanticen esos buenos resultados, encaminarse urgentemente por la senda del éxito. De esta forma, sabía que la reunión no podía quedar a medias, tendrían que seguir, pero al mismo tiempo comprendiendo que es necesario despejar la mente para recobrar fuerzas, para brindar el máximo de atención durante el resto de la charla, es entonces que les dio 15 minutos de descanso, de distracción. Durante ese tiempo podrían disfrutar de un delicioso café que él mismo les había preparado temprano por la mañana, antes de la conferencia, mientras él acondicionaba la sala, y lo había colocado en una mesita al costado de la puerta de ingreso.

Terminado ese tiempo y dando algún minuto más de receso, ya con todos presentes, distendidos y despejados, con nuevos bríos, recomenzó con la reunión… *«como ya se los he mencionado con anterioridad, nada es cien por ciento color de rosas, nada ocurre idealmente, nada es perfecto, existen obstáculos, y siempre existirán. La existencia de ellos hace que la obtención de los logros sea más placentera y estos se erijan sobre una mejor base, una más fuerte y perdurable. No es lo mismo conseguir algo fácilmente o regalado, que luchar por ello, sin lugar a duda le daremos otro valor y consideración».* Y prosiguió diciendo *«es entonces que durante el proceso*

existirán Amenazas, que podrán afectarnos directa o indirectamente, para que comprendan la idea, estas son básicamente todo aquello que tenga la capacidad de afligirnos alguna clase de daño o demora, que pueda incidir negativamente en nuestro propósito u organización, en nuestra estructura física o no física. Sin embargo, es importante entender que hasta que estas no nos afecten efectivamente e incuestionablemente, o sea, hasta que no podamos cuantificar los efectos de sus actuaciones, no dejan de ser amenazas para convertirse en efectivamente obstáculos, adversarios, contrincantes o problemas». Enseguida les hizo una pregunta, y como ya los tenía habituados durante la reunión, rápidamente él mismo la contestó *«¿entonces qué debemos hacer con esto? …localizar e identificar las posibles amenazas es algo básico y sumamente importante para continuar con nuestro camino hacia los objetivos deseados, tomando las previsiones necesarias para enfrentarlas o al menos reducir su impacto si fuese necesario. Amigos míos, tenemos que estar siempre preparados y atentos… recuerden que suelen atacarnos cuando estamos débiles, cuando dejamos espacios vacíos, cuando demostramos desunión, desatención y desinterés».*

Luego en la pizarra que tenía a un lado dibujó lo siguiente:

Y al terminar su obra de arte empezó a explicarla y disertar sobre ella *«también existen por fuera del espacio o área real física y no física donde nos encontramos, trabajamos y nos movemos»* y señaló de esta forma con el marcador al muñeco en el centro de los círculos diciendo *«este somos nosotros, ¿no era evidente?»* y comenzó a reírse a carcajadas de su gran y notoria capacidad para la ilustración, contagió eso a los demás presentes y fue generalizado el momento de carcajadas. Luego bebió un sorbo de agua y prosiguió *«existen entonces dos áreas llamadas o denominadas Área de Interés y Área de Influencia, que influirán en nosotros y por lo tanto debemos prestarles la atención necesaria si queremos lograr ese resultado seguro, eficaz y por sobre todo eficiente».* Seguidamente pasó a definirles y explicarles cada uno de ellas, ayudándose de su dibujo en la pizarra *«el Área de Influencia es el área que tiene la posibilidad de influir directamente en nosotros o en lo contrario e inversamente proporcional nosotros en ella, por lo tanto, las acciones y situaciones que sucedan en uno u otro traerán indudablemente repercusiones en el otro. Mientras que el Área de Interés es el área que está por fuera del Área de Influencia y por lo tanto no nos afectará directamente, de forma inmediata, aunque pudiera en un futuro hacerlo siempre y cuando se sucedan ciertas condiciones, acciones u omisiones, y por lo tanto debemos estar siempre atentos a ella, también como sucede con la anterior, nosotros podemos de alguna forma influir en ella, indirectamente en ese mismo momento o más adelante cuando ciertas circunstancias se sucedan... básicamente, para ejemplarizarles la idea, la primera puede tocarme ya y la segunda deberá dar algún paso antes para poder llegar a mi».* Preguntó si existían dudas al respecto o de lo expuesto hasta el momento y al nadie emitir alguna clase de comentario, continuó... *«como aparece en el diagrama también existen Puntos Críticos, estos puntos son ciertas cosas, ítems, lugares, hasta inclusive personas u organizaciones concretas, que su estado nos afecta directamente y de gran manera, son muy importantes para nosotros y nuestro éxito. Con esto quiero decir que lo que suceda o deje de suceder con ellos nos afectará mucho, es importante entender que estos no pertenecen específicamente a ninguna de las áreas en particular, pueden existir y coexistir en cualquier lado y en cualquier momento dado»,* y de esta forma empezó a dibujar puntos en todas partes dentro y fuera de los círculos y señalándoles les argumentó *«lo ven, pueden estar en cualquier parte, por eso debemos reconocerlos y hallarlos... para que tengan un ejemplo gráfico y evidente, para un país, las centrales termoeléctricas o nucleares, las represas hidroeléctricas, las reservas de combustibles... son puntos críticos porque afectan gravemente al funcionamiento del mismo. Ahora observen sus manos, tienen cinco dedos y sin embargo tan solo uno de ellos es imprescindible e irremplazable por otro, es el punto crítico de sus manos... como lo habrán descifrado ya, el único dedo que les permite cumplir con la mayor parte de las funciones fisiológicas de la mano es el pulgar. Este es completamente oponible a los otros cuatro dedos y puede tocar los demás dedos desde su punta hasta su base, esta condición le da a la mano humana una ventaja evolutiva muy notable... créanme que sin ese dedo no habríamos llegado a donde hemos llegado».*

Inmediatamente tomó asiento, y les señaló *«estoy seguro que todos ustedes o al menos la gran mayoría, saben lo que son los riesgos, si alguno no lo sabe o solo tiene una vaga idea, no se avergüence de consultarme, es más, les pido por favor que lo hagan. Recuerden que todos aquí estamos para sumar, para aprender, para estrechar lazos profesionales y personales, somos un equipo. Al mismo tiempo, si alguno de ustedes quiere aportar algo, que seguramente será de interés y nos beneficiará a todos, hágalo libremente… Entonces ya partiendo de esa base que les mencionaba, debemos en todo proceso y planificación analizar los Riesgos, tanto los existentes como los posibles, es fundamental entender que siempre existen y es imposible que no los hayan de alguna u otra forma».* Tomo aire inflando su pecho y golpeándose el mismo con ambas manos, subiendo su tono de voz les indicó *«pero somos nosotros quienes marcaremos los niveles aceptables para los probables riesgos que puedan existir, también somos nosotros quienes confeccionaremos los planes para minimizarlos hasta los niveles aceptables que igualmente seremos nosotros quienes los marquemos»,* se puso de pie y continuó *«siendo entonces la gestión de los riesgos un principio primordial que debemos tener en cuenta, a los efectos de manejar la inseguridad relativa o no, a una cierta amenaza. Esto debe ser a través de una secuencia de actividades planificadas por nosotros, que incluyen desde; la identificación de esta amenaza, el análisis lo más completo posible de la misma, dentro del tiempo disponible que gocemos para hacerlo, y posteriormente la evaluación del riesgo. Para si, posteriormente a través de una detallada, precisa y seria planificación, en la cual estableceremos las estrategias a ser utilizadas para cada caso en particular. Aunque podemos tener ya armados algunos protocolos y planes que nos simplifiquen la tarea, y nos permitan ganar tiempo reduciendo el gasto de recursos humanos y materiales. Resulta de suma importancia que entiendan que estas estrategias deben favorecer siempre el cumplimiento de los objetivos marcados, y no ser las que nos detengan a lograrlos, no ser nosotros mismos quienes a través de estas nos pongamos trabas o piedras en el camino»*, y enfatizando la idea, haciendo un círculo hacia arriba con el dedo índice de su mano derecha dijo *«esa línea fina es fundamental que la marquemos e identifiquemos desde el principio mismo»*.

Entonces caminando entre todos en la sala y tocándoles los hombros a cada uno de los presentes, les remarcó *«recuerden que somos un equipo y el inteligente uso que hagamos en conjunto de este principio nos catapultará a conseguir en abundancia las metas, evitando pasar por la gran mayoría de los riesgos y contratiempos que pudieran sucedernos. Claro que no podremos evitarlos en su totalidad, y en realidad* algunos de estos nos provocarán equivocarnos y traspiés, pero, en fin, el buscarle la solución a estos nos ayudará más que muchas veces los propios aciertos que tengamos. Es entonces necesario que todos utilicemos al máximo nuestra percepción y olfato para encontrarlos. Cuatro ojos ven más que dos, cada uno de nosotros debido a las características personales que poseemos tiene diferentes capacidades y puede descubrir problemas que el resto no divisábamos, así como también existen tantas ópticas como cada uno de los presentes en esta sala... y así también soluciones brillantes que para el resto de nosotros se encontraban ocultadas».

Luego se tomó un minuto y señaló en el esquema con un marcador las **VULNERABILIDADES** y dijo «*un hombre o un equipo nunca podrán volverse fuertes si no tienen la entereza moral para reconocer sus vulnerabilidades, sus debilidades, tanto las físicas como las morales, sus flaquezas y susceptibilidades, cuales quieran que sean. Ya que si no lo hacen no podrán erigir las estrategias para solucionarlas y enfrentarlas, y estas favorecerán las fortalezas de las amenazas, así como el agua pasa por el lugar donde tiene menor resistencia. Debemos reconocer que somos imperfectos, que no sabemos todo, que no tenemos las respuestas a todas las preguntas... es la única forma de aceptar que debemos realizar cambios que nos* *conduzcan a mejorar... como personas individuales y como equipo... es la única forma de dejar un espacio para crecer... dejarnos un espacio para crecer».* Luego de hacer silencio un instante, respirar profundo varias veces y beber un poco de agua, subiendo su tono de voz nuevamente y enfatizando la idea les indicó *«si no encuentro y reconozco mis heridas no podre curarlas, y cada vez se harán más profundas y dolorosas, hasta el punto que no pueda sanarlas y las consecuencias sean mortales».* El silencio en la sala fue grande mientras todos y cada uno de los presentes asentía con la cabeza, algunos bajaron la mirada mientras otros miraban al resto, como si una verdad existencial les hubiese sido revelada en ese preciso momento, como si cada uno tuviese alguna herida por sanar, como si no estuviesen siendo sinceros consigo mismos. Creo que todos allí de una u otra forma debían buscar esas heridas, sanarlas, perdonarlas y perdonarse a sí mismos. Tomó asiento en su silla, también hizo silencio unos instantes, cerro sus ojos y luego sonrió. Abrió nuevamente sus ojos y mirando las palmas abiertas de sus manos, dijo en voz baja y tenue *«yo ya sané mis heridas y aprendí a perdonarme».*

Pronto volvió a proseguir con la exposición y sacó de su bolsillo un trozo de papel amarillento, que pareciera haber sido arrancado de un cuaderno hace mucho tiempo atrás. Este papel contenía una frase escrita por un viejo Sargento que fuera su mano derecha, su Sargento de Sección, durante su servicio a las Naciones Unidas como joven Teniente, esa frase decía lo siguiente: «*Un hombre podrá verse como sabio recién el día que reconozca más lo que no sabe que lo que sabe, que reconozca que mucho más le queda por aprender, que el aprendizaje es continuo, que todos y todo puede instruirle y enseñarle, y luego de esto, recién luego de esto, tome las acciones necesarias para evitar mantenerse resistiéndose a la ilustración*». Sin dudas una frase profunda que hizo eco en esa sala y por si alguno de los allí presente creía saberlo todo y no estaba dando el máximo de si para aprender y crecer como integrante del equipo de Líderes, creo que luego de esta, su perspectiva debería de haber cambiado.

AHORA MI PREGUNTA ES DIRIGIDA HACIA TI…
¿RECONOCES TUS ERRORES, TUS FALENCIAS, TU IMPERFECCIÓN, LO QUE DESCONOCES Y TUS HERIDAS?

Prosiguiendo con la reunión, el Capitán dijo «*no todo vale para obtener los resultados pretendidos, para conquistar nuestros objetivos, no podemos andar pisando cabezas por ahí sin razón alguna para ser yo el triunfador… existen una gran sumatoria de leyes, reglamentos, normas legales y por sobre todo morales y éticas, y claro no puedo olvidarme de las particulares de la mismísima empresa a la cual pertenecemos y son contractuales. Pero como les decía, para mí son las morales y éticas las más importantes, les pido desde el corazón, que si notan que me aparto de ellas, me lo hagan saber. Existen entonces una variada cantidad de ellas que indudablemente pueden variar y lo hacen acorde a la percepción de cada individuo y su ideología religiosa o cultural, por dar un*

ejemplo. Reconozco que aquí hemos de toda ideología religiosa y con diversos tintes culturales, no obstante, existen algunos que podríamos decirles básicos, como lo son; la justicia, la libertad, la responsabilidad, la empatía, la solidaridad, el compañerismo, la honestidad, la gratitud, el perdón, la humildad, el respeto y el amor, y les aseguro que no perdonaré la falta de alguna de ellas. Es importante que entiendan que nadie logra hacer perdurar sus logros y el éxito en la vida, sea cual sea, si no cumple con estas normas éticas y morales». Luego prosiguió y sumando a estas expuso sobre las normativas legales y explicó, que al vivir y coexistir en una sociedad estructurada a favor de la convivencia pacífica y organizada, debemos cumplirlas, pero por sobre todo, para ello debemos estudiarlas y conocerlas, el no hacerlo puede incurrirnos en errores que conlleven al fracaso y a penas judiciales que nadie quiere sufrir.

EL PROCESO DE TOMA DE DECISIONES

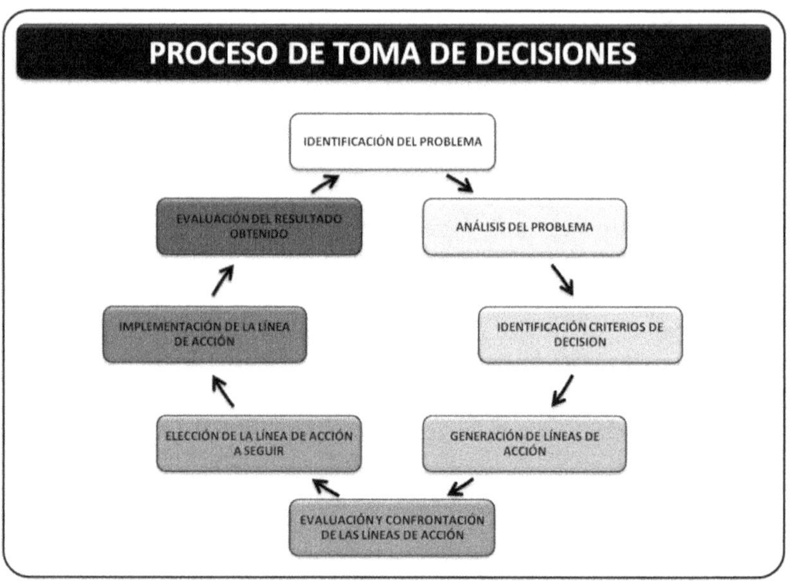

Desde que comenzase con la charla y cuando permitió que todos los presentes se tomasen unos minutos para ver el esquema, notó que la gran mayoría, por no decir todos, señalaron el cuadrado negro que se encontraba sobre el punto de partida y decía con letras blancas **PROCESO DE TOMA DE DECISIONES**. Sin dudas era algo novedoso para los allí presentes, al menos para la gran mayoría, el nombre era bastante llamativo, sin embargo, dejaba entrever de que podría tratarse.

Quizás muy pocos o ninguno lo conocía con esa nomenclatura, sabía que debía dejarlo para lo último… así lo tenía planificado, ya que, si bien forma parte del esquema, es un punto que también podría ser analizado totalmente fuera del mismo. Entonces, ya habiendo finalizado con todos los cuadros anteriores, y habiendo dado el último descanso de quince minutos, para que todos los presentes recobraran fuerzas para asimilar los últimos conocimientos a ser impartidos, durante esa extensa jornada, comenzó diciéndoles lo siguiente *«Repetir los mismos comportamientos a diario, bajo las mismas circunstancias, traen consigo los mismos e idénticos resultados, positivos o negativos, acertados o equivocados, pero sin lugar a dudas serán los mismos. No podemos ni debemos ser tan ingenuos e ilusos de pensar que haciendo hoy lo mismo que no resultó el día de ayer, bajo las mismas circunstancias, obtendremos resultados diferentes el día de hoy… será totalmente una pérdida de tiempo, energía y recursos, todo, todo esto por no comprender esta premisa fundamental y básica que les acabo de mencionar».* Se detuvo un momento moviendo la cabeza de lado a lado y mordiéndose los labios en señal de obviedad, levantando ambos brazos al cielo, como implorando que todos hayan entendido este mensaje. Entonces, luego de ver como muchos de los allí presentes asentían con sus cabezas o sus miradas, prosiguió *«Es entonces que debemos ver cada caso en particular, cada problema analizarlo a fondo y minuciosamente, no solo el problema en sí mismo, sino que todo lo que este conlleva e influye, las circunstancias y particularidades en las cuales se encuentra inmerso, para así lograr tomar la mejor decisión para solucionarlo y planificar los pasos para su realización, y ustedes como líderes deberán posteriormente controlar dicha realización. Cada problema hay que estudiarlo en primera instancia individualmente contextualizándolo en tiempo y espacio. Pero claro, esto no puede quedar a libre albedrio, ya que no siempre estaremos al 100% de nuestras capacidades, intelectuales, racionales, emocionales o físicas, por esta razón debemos tener una metodología de trabajo que nos facilite guiarnos en este proceso y minimizar los errores. Esa guía la tienen aquí en frente diagramada, esta si bien ha sido adaptada por mí a nuestra realidad empresarial, es en gran parte una guía erigida y utilizada por los Estados Mayores de diferentes Fuerzas Armadas a lo largo y ancho del mundo, y a lo largo de la historia. Conjuntos de hombres que debían tomar las mejores decisiones en situaciones extremas reales, en combate, en la guerra, crearon y utilizaron esta metodología. Al mismo tiempo, eminentes empresarios multimillonarios que han cambiado el transcurso de la historia con el éxito de sus empresas, han adaptado de cierta forma este proceso para así de esa forma tomar las mejores decisiones que los llevasen a la gloria. Es así por consiguiente, que de esta forma busco que comprendan que ha sido evaluada en los más temerarios campos de batalla, en diferentes situaciones y momentos, así como también con el éxito de algunos de los más triunfantes empresarios, y les puedo asegurar que funciona, no solo es eficaz sino que busca ser eficiente. He aquí una gran diferencia entre ambos conceptos, una diferencia sustancial, diferencia que espero comprendan en plenitud y hagan comprender a cada hombre y mujer que trabaja en sus equipos. Si somos eficaces cumpliremos los objetivos, los alcanzaremos sin lugar a duda, una solución inmediata, pero el mal uso de recursos humanos y materiales de alguna u otra forma pesará, traerá consigo alguna clase de problema posterior, quizás hasta nos imposibilite continuar por el camino del éxito porque habremos acabado con los recursos que poseíamos, nos acabamos las reservas. Imagínense que ser eficaces es algo así como solucionar algo que necesitaba ser solucionado ahora, sin tener en cuenta que gasto o consumo para ello, y lo hacemos sin visión de futuro, sin pensar en las consecuencias que nos traerá mas adelante»*, decía mientras ponía su mano derecha estirada sobre su frente como lo hacen los marinos al mirar al horizonte cubriéndose del sol. Y luego de un suspiro entrecerró levemente ambos ojos como para enfocar su vista en un objetivo. Prosiguió colocando ambas manos a los lados de los bolsillos de su pantalón, moviendo los dedos sigilosamente como lo hacía el gran Clint Eastwood antes de un duelo, rápida y ágilmente colocó su mano derecha en su bolsillo y la quitó de él imitando la forma de un revolver que desenfundaba apuntando a los presentes uno por uno y pasando su mano izquierda por encima como cargando el mismo antes de cada tiro. Luego de ganar todos esos duelos, llevó el cañón de revolver hacia arriba cerca de su boca y sopló el mismo para terminar guardándolo nuevamente en su canana con forma de bolsillo de pantalón, y frente al nuevo asombro de los allí presentes. Algunas carcajadas se escuchaban, todos estaban atentos y se notaba su entusiasmo, enseguida les remarcó *«Entonces, es como gastarnos las seis municiones que teníamos en nuestro revolver, en un mismo duelo, en un mismo objetivo que con tan solo una bala de igual forma lo habríamos conseguido, habríamos obtenido el mismo resultado. Ahora nos quedamos sin municiones y quizás tengamos otro duelo imprevisto, pero para este ya no hay municiones. El combate continúa, ganamos una batalla, pero perderemos la guerra».* Consecutivamente se inclinó levemente como un actor frente a su público en un escenario de teatro, luego de su brillante actuación y esperando las tan ansiadas ovaciones, continuando con la disertación al reincorporarse nuevamente *«sin embargo, si somos eficientes también cumpliremos con los objetivos y los alcanzaremos, pero con la gran diferencia que optimizaremos la utilización de los recursos humanos y materiales, de los medios disponibles, y debo aclararles que la Logística está en todos lados, y el desconocimiento sobre ella genera grandes problemas siempre, no solo en las empresas, en los mismos hogares. Si somos eficaces nuestros productos tendrán un mayor costo que si logramos ser eficientes, y por lo tanto no podremos superar a la competencia, al punto de lograr hacer llegar a la empresa a un sitial de privilegio y desarrollo que la lleve a competir no solo al mejor nivel nacional, sino que traspasar fronteras hacia lo internacional. Si la empresa triunfa todos lo hacemos, si la empresa gana todos lo hacemos, esto deben hacerle comprender a todos los que la conforman, deben entender que somos un equipo y el triunfo es de todos, al mismo tiempo que la derrota también lo es».* Aquí se detuvo unos segundos mientras bebía un sorbo de agua y hacía crujir sus dedos, tomó como solía hacer sus apuntes y los leyó, esto no solo lo hacía para realmente refrescar su memoria sobre el tema que estaba instruyendo sino que al mismo tiempo para demostrarles con su ejemplo, al resto de los nuevos líderes allí presentes, que esta herramienta es válida, que es conveniente leer para sí mismo algunas líneas para repasar o hacerse un resumen, a los efectos de no salirse del hilo conductor de la instrucción o dar alguna información errónea, como líderes sacarse esa mochila de arriba de que deben ser perfectos. Con la práctica y la experiencia cada vez lo harán menos, pero en un principio lo necesitarán, y no deben temer usar esta práctica. El Capitán tenía en claro lo que buscaba lograr ese día, y de esa forma determinó la manera en la cual presentó la instrucción, para alcanzar los objetivos que se había marcado. Conocía a su público y sabía que todos estarían allí presentes porque él lo ordenó, no por voluntad propia de asistir, y por lo tanto estaban obligados a encontrarse allí, de esta forma conociendo la audiencia y sus razones de estar presentes, él debió enfocar la instrucción, la conferencia, esa reunión, a satisfacer las necesidades y resolver los problemas de los allí presentes, logrando captar su entera atención, generar emociones que favorecieran al entendimiento de sus instrucciones. Al conocer al público presente, había podido determinar el tipo de lenguaje que usaría, las técnicas de oratoria, la profundidad con la cual tocaría cada tema, como organizaría la información, los tiempos de descanso, la duración de la conferencia, entre otros factores a tener en cuenta. La noche anterior dedicó varias horas a organizarla, ensayarla y practicarla, para esto redactó una especie de guion para guiarlo y no hacerlo perder el sentido y los lineamientos de la misma. Como Oficial Retirado del Ejército, tenía una vasta experiencia en dar conferencias, instruir subalternos y en grandes cantidades, *«la práctica hace a los triunfadores»* solía decirles a sus soldados en cada entrenamiento.

Luego de esto comenzaría a explicar detenidamente cada paso del proceso, punto por punto, asegurándose que todos los allí asistentes comprendieran cada uno al detalle, minuciosamente, ya que el equivocarse en uno de los puntos lleva al fallo total del proceso, cada paso está íntimamente ligado y enrabado al siguiente y viceversa. Comenzó diciéndoles *«Cada decisión que tomamos es el resultado de un proceso que ejecutamos, generalmente estos procesos suelen ser mentales y los realizamos en automático, debido principalmente a como estamos programados, como nuestras mentes están programadas y configuradas a lo largo del tiempo, con nuestras experiencias y nuestro sistema de creencias»*, asintiendo con su cabeza y enfatizando su tono de voz, continuó *«y créanme que cada uno de nosotros estamos programados, desde chicos nos han venido programando y nosotros mismos lo hemos estado haciendo a lo largo de nuestras vidas, por esta simple razón es que nuestras mentes puede reprogramar nuestro cerebro, ya que este posee una partecita que actúa en automático para simplificarnos la vida, para ahorrarnos energía y tiempo, es entonces que depende de cada uno de nosotros querer hacerlo, reprogramarse y abrirse a los cambios que esto conlleva, saliendo de su lugar de confort. Prosigamos con la idea que quería mencionarles, todo el tiempo, entonces, estamos tomando decisiones, cuando resolvemos ponerle una cucharada de azúcar al café, dos o tres, o no ponerle ninguna, cuando elegimos vestir una corbata roja o azul, así como cuando decidimos suspender o no a un integrante del equipo que no ha cumplido con su función, todas y cada una de las decisiones que tomemos conllevan con anterioridad un proceso para llegar a ellas. Es por esta razón, que es de suma importancia distinguir que cuanto mejor sea este proceso mejor serán las decisiones que tomemos, más eficientes como hoy les mencionaba, decisiones más acertadas y acortando fabulosamente los márgenes de error y el tiempo de realización. El tiempo siempre cuenta, es finito y no podemos hacer nada al respecto, pero no se confundan con esto, hacerlo rápido no significa ganar tiempo si esto implica hacerlo a las apuradas, no seremos de esta forma más eficientes, al contrario, seremos ineficientes. Por lo tanto, debemos buscar ese equilibrio entre tomarnos el suficiente tiempo para analizar los problemas y actuar con la suficiente velocidad para que sea oportunamente».* Luego tomó con su mano derecha una hoja de las que tenía junto a sus apuntes y levantándola prosiguió con la charla «*El Proceso de Toma de Decisiones es básicamente un proceso analítico, científico, que tiene como principal finalidad ayudarnos a tomar las mejores decisiones, asumiendo los menores riesgos, en el menor tiempo posible*». Entonces con su mano arrugó la hoja y la encestó como un brillante jugador de basquetbol en la papelera que se encontraba en la esquina del salón, festejando su encestada, casi como significando que esa exposición había sido un éxito para él. Esto transcurría frente a las atónitas miradas de los allí presentes, que aún no habían logrado descifrar del todo a su Líder, pero claramente les llamaba la atención, los atraía, lo apreciaban, respetaban y estimaban, lo veían como su Líder… sin duda alguna él era un tipo singular. Luego de levantar sus brazos en señal de gloria por su encestada prosiguió con el razonamiento *«Como les mencionaba, este proceso analítico, es planificado detalladamente y siguiendo una secuencia lógica, en la cual cada paso está ligado y sincronizado con el siguiente. Es flexible y al mismo tiempo exhaustivo. Claro que durante el proceso pueden ser varios los actores que participen, varios integrantes del equipo, y créanme que generalmente así lo será, y está bien que así lo sea, sin embargo, la responsabilidad recaerá siempre sobre el Líder del equipo. Este será quien tome las decisiones, la responsabilidad es siempre del Líder, deben hacerse cargo, en el acierto y sobre todo en el error, de esto depende de gran forma su grandeza como líderes».*

Y así luego de esto, se dirigió a la pizarra y comenzó a escribir en la misma uno por uno los pasos del proceso, y abordó la explicación precisa de los mismos, iniciando de esta forma:

IDENTIFICACIÓN DEL PROBLEMA

«Para comenzar a utilizar este proceso que llamaremos proceso de toma de decisiones, debemos antes que nada identificar y hallar el problema que buscamos resolver, la circunstancia o el motivo por el cual comenzaremos a realizar este proceso, que lo motiva. Si bien parece algo sencillo, denlo por cierto que es lo más difícil de este proceso, muchas veces nos equivocamos en solucionar algo y es debido a que no logramos identificar el verdadero problema, la base del asunto, el fondo de la cuestión, no nos hacemos la pregunta adecuada... y entonces invertimos nuestro tiempo, los recursos tanto humanos como materiales, en solucionar algo que no corregirá realmente y perdurablemente el mismo, que no será eficiente. Es por ello que debemos desplumarlo, pelarlo en capas hasta encontrar el centro del mismo, localizar su eje, y he ahí el verdadero problema, la verdadera razón que nos conlleva a efectuar este proceso para solucionarlo. Es algo así como que comencemos a edificar un muro sobre cimientos torcidos... un muro que está torcido porque su cimentación no

es la adecuada y cuyos ladrillos que lo conforman se están comenzando a caer, creer que la solución es colocar los mismos ladrillos nuevamente o rellenarlo con nuevos, no nos dará más que una solución momentánea y superficial. Tarde o temprano volverán a caerse, posiblemente serán más aun los que se caerán, por lo tanto, el problema se agravará. Identificar entonces que el problema a ser corregido en ese muro son sus cimientos y no sus ladrillos, es él leitmotiv del asunto… es la diferencia trascendental que nos conducirá al éxito y nos ahorrará tiempo, recursos, hasta inclusive dinero y dolores de cabeza».

ANÁLISIS DEL PROBLEMA

«Ahora que ya encontramos e identificamos el problema, debemos encuadrarlo, comenzar a analizarlo, minuciosamente, detalladamente, desplumarlo, examinarlo parte por parte sin dejar nada por sentado, sin obviedades ni sobreentendido. Para ello debemos hacernos varias preguntas durante este análisis; que, donde, cuando, por qué, como, quien o quienes, para qué, entre otras que puedan ocurrírsenos ya que cada caso es único e irrepetible. De lo tan bien o mal que hagamos este análisis, mejores serán las decisiones que podremos tomar para resolverlo, y lo más importante, aunque

no solemos darle la suficiente importancia, es hacernos y hacer las mejores preguntas. Si a lo largo de la historia y el desarrollo de la humanidad, estudian a los grandes inventores, a los sabios, a los más grandes filósofos, los que nos han permitido llegar hasta donde estamos hoy y tener el desarrollo tanto tecnológico, en la medicina, en la ingeniería y todo en general... todos ellos comenzaron con una pregunta, una interrogante que los condujo a esforzarse en encontrarle una respuesta o solución, respuesta que inclusive en muchos casos era totalmente diferente a la que esperaban encontrar. Edison no comenzó diciéndose para sí mismo que quería inventar el fonógrafo, la cámara de cine o la bombilla incandescente, ni Einstein despertó un día diciéndose que iba a hallar la ley de la gravedad porque si, ni Nikola Tesla la energía eléctrica por corriente alterna, Galileo Galilei en la astronomía al afirmar que la tierra no era el centro del universo, Leonardo da Vinci con su prototipo de helicóptero, Isaac Newton, Arquímedes... entre tantos otros. Algo les generó incertidumbre, dudas, despertó la curiosidad en ellos, tuvieron la mente abierta, flexible, se hicieron preguntas y se abrieron a las posibles soluciones, luego desarrollaron y ejecutaron métodos y procedimientos para hallar las respuestas, para solucionar el problema». En ese momento, acercándose a una de las paredes y descolgando un bello cuadro con estilo postimpresionista, imitación de la famosa y reconocida obra «Terraza de café por la noche», del aclamado pintor holandés Vincent Van Gogh, obra que se encontraba allí colgada decorando la sala, les dijo: *«Les montaré un sencillo ejemplo y quiero que presten suma atención al mismo, así pueden sacar sus propias conclusiones; si quiero colgar un cuadro en una pared y mi intención es que dure muchos años allí, debo conocer antes que nada, exactamente de que material está edificada la misma, en general y en ese preciso lugar que deseo colgarlo, el grosor de la misma y sus diferentes capas de materiales, el tamaño y peso del cuadro que deseo colgar, así como que clase de enganche posee, y es entonces que recién allí podré tomar la decisión más adecuada en referencia a que clase de clavos o tornillos usar en esa circunstancia y momento en particular. Recuerden que este paso, así como lo son todos, es consecuencia del anterior. El proceso de Toma de Decisiones es un método científico, y como tal tiene cada paso justificado y como resultado de los anteriores, a los efectos de llegar analíticamente a la mejor solución para el problema en cuestión».*

IDENTIFICACIÓN DE LOS CRITERIOS DE DECISIÓN

Y prosiguiendo con el siguiente punto del proceso señaló este y dijo «*Para cada decisión que habremos de tomar será necesario identificar los criterios en los cuales nos basaremos para tomar las mismas, de cierta forma es necesario limitar los parámetros de decisión. No siempre serán semejantes, para cada una podrán existir bases diferentes, manuales, directivas o hasta leyes específicas que deberemos de tener en cuenta, inclusive ordenes de nuestros superiores que nos enmarquen hacia donde pretendemos llegar, cual es el objetivo que necesitamos alcanzar… básicamente para que no perdamos el enfoque, para que no volemos… para no terminar en vez de solucionar un problema de la empresa a pretender cambiar el mundo. No es lo mismo tomar decisiones sobre aspectos funcionales de nuestros trabajadores a cargo de la producción, como en aquellos que se dedican a la distribución, en este caso tendremos que tener en cuenta las normativas de tránsito quizás, sobre los trabajadores las leyes laborales, y esto solo lo menciono como simples y sencillos ejemplos*». Entonces colocó ambas manos en su rostro simulando unos anteojos y dijo «*para cada caso deberé cambiar de cierta forma mi óptica para analizarlo, colocarme los lentes que me permitan analizar la misma. Si quiero leer me pondré mis lentes de lectura, pero si salgo a caminar al aire libre en un día soleado me pondré los de sol»* y comenzó a reírse tras su brillante e ingenioso ejemplo, interpretado con practicidad e imaginación. Luego se quitó las manos del rostro y reanudando con la charla les explicó *«Entonces la elección de estos criterios consiste en identificar los aspectos relevantes, las pautas, los modelos, al momento de tomar la decisión, y de ellos dependerá la decisión que tome. En algunas ocasiones los criterios los tendrán en su mente y automáticamente en base a estos tomarán las decisiones, pero otras veces cuando los temas son de suma importancia, son complejos, engorrosos, y esa decisión afectará de gran forma algo, como el funcionamiento o desarrollo de algo trascendental, como las formas de trabajo y producción, etc. Lo mejor será que los anoten, y de esa forma no se irán por las ramas, enfocándose en los criterios necesarios para ese momento y tema dado, es algo así como ponerle límites o trazar el camino por el cual se tomará esta decisión. Es sustancial que comprendan en este punto, que una misma acción, hecho, operación, instrumento o problema a tratar o estudiar, podrá tener diferentes criterios para tomar las decisiones y por lo tanto los resultados serán diferentes también, porque quizás las circunstancias que lo rodean son otras en razón a tiempo, espacio y actores, también en base a la orientación de los resultados que busco obtener. Si estoy buscando pintar una caja del color más atrayente para las jóvenes universitarias de entre 18 y 25 años de edad, no tengo que detenerme en buscarle la solución a cuál es el mejor tipo de cartón para usar en esas cajas, o cual es la mejor vía de distribución de las mismas, tiempo al tiempo, paso a paso, tema por tema, y como dice la tan conocida frase; el que mucho abarca poco aprieta».*

Indicó *«Tomémonos un descanso de 15 minutos, recuerden ir al baño y también beber agua»*, dijo a viva voz. De esta forma les permitió a todos descansar unos minutos, que despejaran sus mentes, que adquieran inconscientemente lo que les había explicado hasta el momento. Al mismo tiempo él aprovechó a organizar los últimos temas y minutos de la charla, era mucha información la que les estaba dando y necesitaba de todos ellos la mayor atención posible, así como la necesitamos tu o yo cuando estamos recibiendo mucha información de valor. Llega un momento que nuestra mente necesita de un descanso para poder adquirir inconscientemente todo lo que nos han explicado o estamos leyendo, por ejemplo, ahora mientras lees este libro, te recomiendo no leer muchas páginas de corrido por más que te sea muy interesante y no quieras detenerte, cada 15 o 20 minutos tomate un tiempo para pensar y despejarte, haz otra cosa, bebe un café, té o un vaso de agua, sal a caminar, ponte de pie, come una fruta, frutos secos o un cereal, revisa tu teléfono celular, escucha alguna canción que te guste… haz algo diferente que te entretenga y distraiga, y luego, si recién vuelve a estas páginas con todas las energías recargadas para seguir adquiriendo los conocimientos que cambiarán tu vida para siempre.

Sigamos…

GENERACIÓN DE LAS LÍNEAS DE ACCIÓN

Y prosiguiendo con el siguiente paso del proceso, cuando ya todos se encontraban allí presentes, lo señaló y dijo *«Para un mismo problema, generalmente ocurre que en el 99,9% de los casos, existen varias soluciones probables o posibles. Es entonces que para cada decisión que habremos de tomar, será necesario identificar, diseñar y generar varias Líneas de Acción, vías de trabajo que pudiesen conducirnos al objetivo. Es como tener varios planes posibles, un A, un B y un C. Estoy seguro que ya habrán oído de esto y seguramente sin saberlo e inconscientemente ya lo realizan en sus vidas, no solo en el plano profesional o laboral, también en su vida diaria de entre casa. Por ejemplo, cuando van a hacer las compras al mercado y piensan en comprar un producto que necesitan, piensan en una marca que para ustedes es la mejor y que cumple mejor con sus requisitos o gustos, pero sin embargo si este producto* está agotado o no se encuentra en ese momento, han pensado en otro que también puede serles de utilidad, que no es el mismo pero cumple con la finalidad que pretendían. De esta manera y partiendo desde esa base, que creo ya tenemos aquí, podemos pulirlo un poco con las bases teóricas del porque hacerlo, porque realizar o diseñar varias Líneas de Acción. En este paso necesito que amplíen su óptica, que abran su mente, que sean menos orgullosos y acepten que existen varias rutas para llegar al mismo puerto, no solo por la que ustedes quieren que sea, o están acostumbrados a tomar. Entonces cuando estamos generando, diseñando y construyendo las diferentes Líneas de Acción, debemos indefectiblemente considerar que estas cumplan con ciertos requisitos básicos e indispensables; primero y antes que nada deben darle solución al problema efectivamente, no eficiente, sino que efectivamente… ósea que deben solucionar el problema, sino ya desde el arranque esta no nos servirá. Recién a partir de ahí buscaremos que sean eficientes, con esto quiero decirles que ellas deben resolver el problema utilizando la menor cantidad de recursos materiales, humanos y de tiempo posibles, administrando de la mejor manera los mismos, esta es la eficiencia y eso que les dije es la principal diferencia entre esta y la eficacia. Posteriormente a que esta resuelva el problema, debemos considerar que estamos capacitados para cumplirla y desarrollarla, que quiero decir, que los medios, recursos y tiempo disponible con *los que contamos, nos permitan efectuar y consolidar la misma. Y claro, ahora que ya desarrollamos varias Líneas de Acción, es momento de volverlas a estudiar y analizar, con el objetivo que estas sean sustancialmente diferentes una de las otras, por ejemplo, a razón de tiempo, de medios, de recursos humanos o materiales a utilizar, o de forma, pero deben ser diferentes de verdad, no solo cambiarles el nombre... sino nos estaríamos mintiendo a nosotros mismos. Para ponerles un ejemplo simple de la vida cotidiana, para venir desde sus hogares hasta la oficina ustedes deben generalmente de tomar el mismo camino, realizar el mismo trayecto, y creo que cada uno de ustedes debe de haber estudiado las diferentes opciones y quizás hasta haberlas probado en el terreno, y cada una de ellas les arrojó diferentes resultados con los cuales ustedes tomaron una decisión. Aquí pasa lo mismo, supongo que si vienen en vehículo propio saben que determinados días y en determinados horarios es mejor tomar un camino o el otro, pero también si no cuentan con ese vehículo y deben trasladarse por medios de transporte público, también hay diferentes y cada uno arroja diferentes características a razón de tiempo, comodidad y costo, entonces... cuando diseñen estas Líneas de Acción, piensen de la misma forma, todas deben cumplir con el cometido principal, y todas tendrán puntos fuertes y puntos débiles, al mismo tiempo todas dispondrán de diferentes medios y recursos, y todas serán más o menos optimas dependiendo de factores externos cuales quieran que sean; clima, horario, días de la semana, recursos externos, recursos humanos disponibles, imprevistos, amenazas probables y posibles, entre tantos otros. Es muy importante que entiendan en este punto... si involucramos a todas las personas que conforman el equipo, o al menos una parte de ellas, en la generación de estas líneas, si escuchamos sus opiniones e ideas y las hacemos sentir parte de la solución, hacemos que conciban el proyecto como suyo. Por lo tanto, cuando deba efectivizarse lo harán con mayor ahínco, empeño, y lo defiendan con uñas y dientes. Se formará algo así como un equipo de mentes enfocadas en un mismo propósito, una sumatoria de energías en sinergia. Claro que no siempre podremos abrir mucho la cantidad de personas involucradas en la toma de decisiones, depende de la gravedad y urgencia del asunto, de sus singulares características, inclusive si no sabemos diferenciar esto puede ocasionarnos problemas, pero por lo menos resulta imperioso que aquellos que tienen el cargo o la responsabilidad de hacer y controlar determinados aspectos del mismo, cuando se le deba ejecutar, formen parte de este equipo que desarrollará las líneas de acción, aunque sea con alguna conversación previa o pidiéndoles su asesoría u opinión ante determinado problema a resolverse, no tomándolos posteriormente por sorpresa. Aprovechemos al máximo las capacidades de todos y cada uno que puedan aportarnos valor, diferentes ópticas y perspectivas. Recuerden cuando las generen, cuando las estén desarrollando, en ser lo más objetivos posibles y realistas con los medios, recursos y tiempo que se cuentan en ese momento, traten siempre de economizarlos al máximo, ya que si llegado el momento de su implementación contamos con más y mejores medios y recursos, estaremos jugando con un Haz debajo de la Manga»* y en ese preciso momento sacó un Haz de Corazones de la manga derecha de su camisa, celeste como el cielo de verano, enseñándoselo a todos los presentes y largando allí su clásica carcajada triunfante, dando pequeños saltos de victoria sin vergüenza alguna, como siempre sus presentaciones poseían un tono actoral y atractivo, era todo un personaje… jovial sin dejar de ser prudente, respetuoso y juicioso… serio cuando era necesario sin ser engreído ni mal humorado.

EVALUACIÓN Y CONFRONTACIÓN DE LAS LÍNEAS DE ACCIÓN

Continuando con la exposición señalo el cuadro que mencionaba este título y comenzó diciéndoles «*Para un mismo problema existirán varias soluciones posibles o probables, así como lo vimos en el punto anterior, cuando hablábamos de la Generación de las Líneas de Acción. Cada una de estas tendrá evidentemente sus puntos fuertes y sus débiles, sus pros y sus contras, y claro que también cada una de ellas será más adecuada para ese caso en particular dependiendo de determinados factores que se sucedan y condicionen la efectividad y eficiencia de cada Línea a considerar, tanto internos o propios, como externos o ajenos. Es así que debemos confrontar estas líneas de acción que diseñamos, para concluir cual es la mejor o cual es la más adecuada, bajo determinadas circunstancias que nosotros contrastaremos. Para ello podemos diseñar alguna clase de tabla comparativa donde pongamos determinados criterios y les vayamos asignando puntajes bajo alguna escala de valores preestablecida o simples tics de cumple o no cumple. Es muy importante, vuelvo a reiterarles, que sean lo más objetivos posibles y no inclinen la balanza intencionalmente hacia donde ustedes quieren, sino, no tendría sentido este paso, así como tampoco generar más de una línea de acción*».

Mientras explicaba esto dibujó en la pizarra una tabla como la siguiente, y les iba explicando estos puntos que mencionaba anteriormente, para simplificar y aclarar dichas ideas.

Criterios	L. Acción 1	L. Acción 2	L. Acción 3
Cumple con el objetivo / Soluciona el problema	✓	✓	✓
Necesita de cambios durante su implementación	X	✓	✓
Bla Bla Bla Bla Bla	X	✓	X
Gasto de Recursos Materiales y Humanos	10	8	8
Riesgos de fracasar	6	8	7
Flexibilidad y adaptabilidad ante los cambios	9	9	6
Total de Tics (o Puntaje Obtenido)	nnn	nnn	nnn

«Aquí tienen un ejemplo muy simple de una tabla, donde les puse ambos tipos de puntajes, escala de valores o tics, esto siempre dependerá de lo que vayan a confrontar, y como quieran hacerlo. Inclusive a cada criterio pueden asignarle un coeficiente diferente si entienden que el criterio 1 es más importante o imprescindible que el 2, por darles un simple ejemplo. Igualmente, y como les he estado repitiendo una y otra vez, todo es y debe ser siempre adaptable a las necesidades que se posean o surjan en ese determinado espacio-tiempo. Recuerden que la fortaleza, el éxito y la perpetuación en el tiempo como personas, equipos, empresas o instituciones, es en gran parte directamente proporcional a

su capacidad de adaptación a los constantes cambios que se suceden a todo nivel, en todas partes y de todas formas» y en ese preciso momento se puso a estirar sus piernas mientras les decía *«sean siempre flexibles»* y largó su clásica carcajada nuevamente, e invitó al resto a estirarse también. Unos minutos más tarde, a continuación de la breve sesión de estiramiento, cerró sus ojos y bajo su cabeza unos instantes, luego al abrirlos gesticuló como lo hacía el Cesar en el Coliseo Romano, cuando los emperadores, con su mano, le ordenaban al gladiador vencedor la muerte o el perdón del gladiador derrotado, colocando su mano cerrada y su dedo pulgar estirado hacia la línea media, para luego señalar con el mismo hacia arriba o hacia abajo… David, el viejo Capitán… lo giró hacia abajo y con voz enérgica les dijo *«Si no logramos adaptarnos a los cambios estamos destinados al fracaso».*

ELECCIÓN DE LA LÍNEA DE ACCIÓN A SEGUIR

Habían avanzado bastante en la explicación del proceso, terminado previamente la exposición sobre el esquema del éxito, la jornada fue larga y aún restaban temas por dialogar, sin embargo, no fue tan cansina y mucho menos aburrida debido a dos grandes puntos: la importancia de los temas en cuestión y la brillante exposición de David, por su conocimiento del tema, su capacidad de locutor para transmitir ideas y su mixtura entre seriedad y humor, lo cual la hacía entretenida. Consecutivamente a terminar con el punto anterior señaló el siguiente cuadro y les expuso *«Ahora que ya confrontamos las líneas de acción generadas, hicimos el cuadro y determinamos cual es la mejor para ese caso en particular, elegimos cual es la ganadora, la que cumple mejor con nuestros criterios, la que maximizará el éxito, la más eficiente, o la menos riesgosa, no importa cuál pero habremos tomado una decisión»*, entonces se detuvo y junto sus manos como si estuviese implorando y les dijo *«en este punto quiero detenerme un instante, les suplico que nunca tomen la menos riesgosa, porque si ese es el criterio que utilizarán para elegirla, nunca llegaremos a crecer, nunca sobresaldremos de la media, seremos conformistas, seremos uno más del montón. Los que toman este camino son personas inseguras y tristemente transfieren esto a su entorno, logrando así que el resto también lo sean… ¡el que no arriesga no gana! y nosotros tenemos confianza plena en las capacidades de este equipo, así que no tememos a los riesgos, los tomamos como oportunidades de demostrar y demostrarnos nuestra valía»*.

IMPLEMENTACIÓN DE LA LÍNEA DE ACCIÓN

Señalando el penúltimo cuadro pronunció elevando levemente la tonalidad de su voz *«Ahora debemos poner en marcha nuestro Plan, nuestra Línea de Acción seleccionada. Claro que la implementación de esta significará confeccionar y desarrollar otros nuevos planes menores para efectuarla, y a medida que la vayamos ejecutando irán surgiendo obstáculos que deberemos de salvar, problemas por resolver, cosas que cambiar... esto es normal, no podemos sorprendernos. A medida que vayamos avanzando, iremos aprendiendo en el camino y mejorando como sujetos individuales y como un equipo en conjunto».* Giró su cuerpo enfrentando la pizarra y dándole la espalda al auditorio, en ese momento dibujó dos círculos en esta, uno junto al otro, en el primero escribió la palabra PLAN y el otro lo dejó vacío, entonces señalando el primero mencionó *«aquí tenemos un plan»* y luego señaló el siguiente y dijo *«aquí no existe un plan»,* y volteo nuevamente dándoles el frente y les indicó *«Siempre será mejor tener un plan a no tener alguno, por más sencillo que resulte nuestro plan. Necesito que imaginen una contienda en la cual se pueden enfrentar tanto personas, equipos o empresas, y ambos contendientes poseen planes eficaces, no importa el rubro ni la clase de contienda. Ahora, supongan que una de las partes posee un súper y brillante plan pero que no es bien llevado a la práctica por sus ejecutores, que no logran hacerlo eficientemente, sin embargo, la otra persona, equipo o empresa posee uno más sencillo pero que logran ejecutarlo eficientemente… el resultado será que siempre, siempre y siempre triunfará la persona, el equipo o la empresa que sea más eficiente, más allá del Plan que posea. Que quiero decirles con esto, que no hay plan que valga si no lo ejecutamos correctamente. De esto que les mencioné existen miles de ejemplo en la vida cotidiana, en los deportes, en las empresas, en todos lados… no por ello quiero decir que confeccionemos planes corrientes y poco elaborados, extremadamente sencillos y acotados, no seamos mediocres ni conformistas. Sin embargo, debemos comprender que los planes que confeccionemos deben ser realizables y tenemos que tomar todas las medidas a nuestro alcance, para que todos los involucrados realicen su tarea a la perfección, como líderes debemos no solo dar órdenes, el 90% de nuestro trabajo es controlar las órdenes que impartamos y la ejecución de los planes dispuestos».*

EVALUACIÓN DEL RESULTADO OBTENIDO

«*Llegamos al último punto del proceso, veo a varios de ustedes cansados, es normal… ya sé que ha sido una jornada larga. Hemos tratado en ella temas profundos que sin lugar a duda marcarán un antes y un después en la empresa, y quizás, ojalá así lo sea, en la vida de cada uno de ustedes. Quiero que sepan que confío en cada uno de los aquí presentes, estoy seguro que formo parte del mejor equipo de líderes que cualquier empresa pueda tener, ustedes son el verdadero valor de esta empresa, son quienes la hacen grande, quienes la llevarán al éxito absoluto… son un equipo conformado por estrellas, cada uno en su área de influencia, con sus conocimientos y virtudes, también con sus defectos y vulnerabilidades, las que otro compañero cubre sin dudarlo, así como ustedes cubren mis espaldas sepan que yo cubriré siempre las suyas*».

Entonces bebió un sorbo de agua y les dijo «*todo proceso tiene su final y de nada sirve si al finalizarlo lo guardamos en el cajón de un escritorio, debemos analizar los resultados obtenidos y sacar conclusiones que nos beneficien en un futuro, que nos sirvan de aprendizaje para nuevas decisiones que tomemos, que configuren un nuevo punto de partida, sino habremos de comenzar siempre desde cero, otra vez volviendo a gastar e invertir recursos humanos, materiales y tiempo en cosas que ya hemos realizado, que conocemos sus resultados y pormenores. Es así que debemos antes que nada respondernos a estas preguntas ¿la línea de acción que implementamos solucionó el problema?, ¿resultó efectiva o eficiente?, ¿Qué problemas se nos presentaron durante su implementación?... entre otras que se les puedan ocurrir. Es así que, si divisamos que el problema no fue resuelto, debemos ineludiblemente volver a analizarlo e identificar que pudo haber pasado, ¿que salió mal?... Si no implementamos correctamente esta línea y el error estuvo durante el proceso, si el tiempo o los recursos vertidos no fueron los suficientes, o si el análisis del problema no fue el correcto, quizás la elección de la línea de acción no fue la correcta. Ahora, si el problema fue resuelto, saquemos buenas conclusiones y armemos un buen memo que nos sirva para resolver futuros problemas similares, registremos todo lo que sea necesario registrar... y luego démonos un espaldarazo y brindemos»,* y nuevamente para no perder la costumbre volvió a reír a carcajadas y pegar pequeños saltos victoriosos.

Al finalizar con la charla, miró a todos a los ojos, una vez más, y los fue señalando delicadamente como si en realidad no señalara a nadie, pero haciéndoles entender que lo que decía era dedicado y dirigido a cada uno de ellos, ¿personal e individualmente *«¿Cuánto tiempo a diario le dedicas a tus objetivos? personales o profesionales, no importa, no importa qué clase de objetivos sean, que tan pequeños o grandes, que tan sencillos o difíciles de alcanzar, nada importa realmente si no le dedicas tiempo a diario para su obtención. No será un objetivo entonces, es un mero deseo, un sueño tal vez, si no tienes la determinación, la persistencia, el valor, el coraje y la disciplina para ir por él, este nunca llegará a ti. Entonces, hoy de noche cuando llegues a tu hogar y pongas la cabeza en la almohada, hazte esta pregunta»* y abrió sus brazos nuevamente al cielo elevando su mirada y luego los cerró golpeando tres veces su pecho *«¿que estoy haciendo para alcanzar mis objetivos?»* Luego cerró sus ojos unos instantes, respiró profundo en varias ocasiones, volvió a abrirlos, y entonces les dijo *«hoy al comenzar con esta reunión, todos me habrán visto agradecer con mis ojos cerrados, quizás algunos piensen que no tengo todos los tornillos ajustados en mi cabeza, cosa que puede ser cierta, o alguna clase de enfermedad me está haciendo delirar, quizás para otros no sea más que algo pallazesco, y créanme que no los culpo por pensar nada de ello, yo pensaba igual hace un tiempo atrás. Cada uno es libre de pensar lo que desee, al fin de cuentas nuestros pensamientos y sentimientos es lo único que nadie puede quitarnos o robarnos, pero déjenme explicarles que sucedió allí,... soy una persona muy agradecida, he aprendido que en la vida uno debe ser agradecido, créanme que he visto cosas muy perturbadoras y he sentido las verdaderas carencias e infelicidades, y gracias a todo eso he comprendido que debo ser agradecido a diario, primero que nada al abrir los ojos cada mañana y ser premiado con la oportunidad de vivir un nuevo día, regocijarme con las nuevas experiencias y oportunidades que tendré la suerte de experimentar, dar las gracias por tener un hogar donde dormir y un plato de comida en la mesa, por tener familiares y amigos que me aman y amo, como no ser agradecido si muchos quisieron tener la oportunidad de poder vivir tan solo un día más y no pudieron… yo gozo de esa oportunidad. Es así que agradezco cada mañana al despertar, pero también lo hago cuando grandes cosas están por sucederse como lo era esta reunión, y lo hare en mi cama de noche antes de dormirme, porque ha sido un día de mucho regocijo que me ha acercado más aún a alcanzar algunos de mis objetivos y sueños, porque me dio la oportunidad de poder ayudar a otros enseñándoles algunos de mis conocimientos. Es así que les recomiendo que también sean agradecidos, seguramente tengan mucho porque serlo».* Luego de decir estas palabras simplemente agradeció a todos los presentes por haber concurrido a la reunión, por permitirle sincerarse con ellos y transmitirles sus ideas y pensamientos para que ese grupo allí presente liderase y generase los cambios necesarios para que la empresa y todos en ella llegasen a alcanzar el éxito merecido, si el barco llega a buen puerto no solo lo hace su Capitán, todos lo hacen, y todos gozarán de los frutos obtenidos con ello. Finalizando se dirigió a la puerta y despidió saludando con un fuerte apretón de manos, personalmente a cada uno de los presentes cuando se retiraban de la sala.

VII. SIENDO UN LÍDER

Un Líder posee la llave del éxito en su haber y es en gran forma la llave del éxito para las demás personas que lo rodean.

Había transcurrido ya poco más de un año desde que ocupaba su actual cargo en la empresa, era uno de los Gerentes más influyentes de la misma, actualmente su área y dependencias alcanzaban el éxito con cierta facilidad. Sin embargo, estas áreas requerían de su presencia continuamente para marcarles el camino, corregir los desvíos y motivar los siguientes pasos para alcanzar los objetivos. El Capitán debía comandar el barco continuamente para que no entrase en la deriva, lo cual resulta bastante obvio, puesto que lleva un tiempo importante acomodarse a una nueva mecánica de trabajo y a un nuevo equipo. Durante este tiempo la figura del líder era sumamente necesaria, debió cimentar en lo profundo de cada empleado, de cada integrante de su equipo, el compromiso con la causa, la voluntad de trabajar dando el máximo de si, la disciplina personal y grupal, tanto en los trabajos y en las actitudes personales, fomentar buenos valores y las relaciones interpersonales. Claro que también durante este tiempo, tuvo que poner en su lugar a aquellos que se apartaban del sendero, o corregir las faltas cuando las encontraba o visualizaba. Un líder debe necesariamente e indeclinablemente corregir las faltas y los errores de sus subalternos en el momento oportuno y de la forma adecuada, por más leves que sean o le parezcan ser, pues si evita corregirlas en ese momento, será el culpable de tener que corregir y lamentar a futuro faltas y errores aún más graves, y que quizás, la única solución sea tan cruda que termine con la suspensión o destitución de un miembro del equipo, o inclusive se sufran repercusiones en la empresa que signifiquen la suspensión o el despido de varios empleados, o hasta inclusive el cierre de un sector de la empresa. Poseía una larga experiencia a esta altura de su vida, la cual no estaba condicionada por la edad sino que principalmente por las responsabilidades y vivencias que tuvo durante su carrera como militar y su compromiso como padre, así como la gran cantidad de horas que dedicó a leer y estudiar sobre el liderazgo en todo sentido, tenía el tacto necesario y la inteligencia para adaptarse a cada situación, reconocer cual sería la mejor manera de marcar o sancionar esos errores o faltas en cada caso en particular, contaba con la suficiente flexibilidad. David tenía bien en claro que el objetivo de marcar un error o sancionarlo no era un fin en sí mismo, sino que un medio para solucionar un problema, y que dependiendo de diferentes factores, debía de hacerlo de una u otra forma. En ocasiones debía marcar la falta en público y en ese preciso instante, en otras debía llamar a esa persona a su oficina y hacerlo en privado, inclusive en algunas ocasiones cuando el error era leve y no intencional, y él creía que era necesario para que la persona aprendiera algo nuevo con esa experiencia desafortunada, lo dejaba pasar. Su forma de accionar dependía de la mixtura de dos factores; la falta o el error en sí mismo y la persona que la cometía. Esto lo aprendió principalmente durante sus largos años de carrera en el ejército, donde por no corregir faltas o errores leves podría luego lamentar faltas o errores graves que terminasen inclusive hasta con la vida de un camarada. Recuerda que en ocasiones cuando cometemos un error y no nos percatamos de ello, o lo dejamos pasar por alto, con el tiempo suele suceder que seguimos cometiéndolo, pero cada vez de forma mas grave, profunda o grande… algo así como suele ocurrir con los criminales cuando no son detenidos y rehabilitados a tiempo. Estos pueden haber empezado con un reloj, luego lo hacen con una billetera, pronto con una cartera, posteriormente con un bolso, luego con una bicicleta, inmediatamente después con una motocicleta, luego un automóvil, y finalmente terminan con una casa, como una gran bola de nieve cayendo desde una montaña, haciéndose cada vez más grande y pesada… ¿no lo crees?

Ahora, ya luego de un largo tiempo, había llegado el momento preciso de permitirse delegar ciertas funciones, compartir más conocimientos y confiar más en sus subalternos, los engranajes de esta máquina debían aprender a funcionar correctamente sin su presencia, y así luego de un tiempo ya lo hacían. Como líder, se había enfocado en llevar a su equipo conduciéndolo hacia un destino exitoso, al que jamás habrían ido solos, por un camino que cada una de esas personas jamás habría recorrido, si no fuese conducida por él, dentro de ese equipo, dentro de ese grupo de personas.

UN LÍDER CONDUCE A SU EQUIPO HACIA UN DESTINO EXITOSO, AL QUE NO HABRÍAN LLEGADO SOLOS, PORQUE LO HACE POR UN CAMINO QUE JAMÁS NINGUNO HABRÍA RECORRIDO, UNO POR EL CUAL NUNCA SE HABRÍAN AVENTURADO.

David tenía objetivos claros y estaba continuamente enfocado en ellos, trabajaba a favor de la obtención de los mismos, daba órdenes para ir a por ellos, no se desviaba de ese camino ni se distraía fácilmente. Tenía una espalda ancha para tomar decisiones, aunque muchas veces no sean simpáticas o del agrado de todos sus subordinados, decisiones que eran tanto a corto, mediano y largo alcance, siempre con el convencimiento moral y ético que se encontraba realizando lo correcto, que estas traerían buenos resultados. Siempre que se equivocase reconocía su error y pedía las disculpas necesarias a quien fuese necesario o quien haya sido afectado, tanto en público o en privado dependiendo esto de la situación, asumiendo en la totalidad de las veces la responsabilidad, quitándole ese peso a sus subordinados.

Lideraba con el constante ejemplo, lo cual hacia tanto como funcionario de jerarquía en la empresa, como gerente, superior o jefe, así también como compañero de trabajo, o como un hombre de bien y de familia en su vida privada, digna y honorable. No era tan solo ejemplo en uno o dos aspectos, lo era en muchos, claro que no era perfecto ya que nadie lo es, todos cometemos errores y todos mejoramos y crecemos día tras día más allá del lugar donde estemos parados hoy. David era ejemplo principalmente porque hace un tiempo atrás había cambiado sus paradigmas y ópticas, enfocándose en mejorar todos los aspectos de su vida, cuando comprendió que las personas no somos una cosa por aquí y otra por allá, somos la sumatoria de la totalidad de aspectos y situaciones que conforman nuestras vidas, y que cada aspecto influye directa o indirectamente sobre el otros. Él comprendió que los individuos no logran desprenderse del todo de las situaciones que nos tocan vivir, si tuve un mal día laboral no será el día perfecto en el seno de mi hogar cuando regrese a este en la tarde, no podré abstraerme en su totalidad de las vivencias negativas que generaron sentimientos dañinos en mí.

Existen algunos métodos para liberarme de esas tenciones y energías negativas, y en contrapartida para fortalecer mi estado energético y de salud, como lo son los diferentes estilos de meditación, el yoga, o hasta inclusive hacer algo de deporte… pero no es en esta ocasión que hablaremos de ello… sin embargo te insto a que te quede esa duda y ahondes mas en el tema… te aseguro que será de tu beneficio.

Sigamos con la historia…

David continuamente intentaba no perder la compostura, evitando dejarse llevar por las negatividades, por las complicaciones o los problemas, que claro siempre los hay, estos no solo tienen costos físicos, sino que también y principalmente emocionales. Al contrario, había desarrollada la habilidad y fortaleza mental suficientes para hacer de cada uno de ellos una oportunidad para mejorarse a sí mismo y hacer que sus subordinados también lo hagan. Era ejemplar en esto, si existen problemas existen soluciones, si hay caídas entonces también habrá escaladas, si hay un medio vaso vacío también existe una mitad llena y esta será la oportunidad para llenar la otra parte. Él pensaba y actuaba de esta forma, y así se lo instruía al resto de su equipo ya que como siempre lo dijo;

«Un equipo de trabajo, de amigos o una familia, cualquier equipo sea cual sea su composición o características, es como una cadena, y esta cadena será tan fuerte o débil como su eslabón más débil. Todos los eslabones de esa cadena son importantes, cada uno en su lugar, sin importar que tarea desempeñe o su lugar jerárquico, todos juntos triunfan o fallan en el intento».

A su vez dedicó tiempo a crear nuevos líderes, los que necesitaba la empresa ahora y los que necesitaría en un futuro. Una de sus principales preocupaciones era explicarles a las personas que los líderes no nacen con determinados dones que los hacen más brillantes que el resto de las personas, ni los erigen como tal, si bien todos tenemos ciertas características que nos diferencian, venimos al mundo casi que de cero y somos programados en base principalmente a experiencias que tenemos en nuestra niñez, y por consiguiente podemos reprogramarnos conscientemente. Les explicaba que uno debe desear ser un líder, convencerse que quiere ser uno, y a partir de allí comenzar a practicar y adoptar cierta cantidad de habilidades, actitudes, valores y costumbres, que configuran bastiones fundamentales en la personalidad y accionar de un líder, un líder aprende a serlo, pero antes desea serlo. De esta forma seleccionó a varios empleados de diversas áreas a los cuales les veía ciertas cualidades sobresalientes por sobre el resto, y de una u otra forma los fue preparando, les fue inculcando esas ideas, les enseñaba que no tenían que ocupar altos cargos de poder para comenzar a liderar, tan solo debían comenzar y cuando lo hicieran, continuaran por ese camino y persistieran, así es que alcanzarían a ser grandiosos, poderosos y exitosos. Al mismo tiempo que lo hacía con estos empleados, también lo hacía con los encargados de cada área y sector, la instrucción nunca paraba, era constante, todos los días había alguna frase que decir o algo que remarcar. Todos los días se puede y debemos estar abiertos a aprender algo, esa era una de sus premisas, y principalmente la usaba para sí mismo, sabía que el día tras día podía aprender algo nuevo que viniese de sus empleados o hasta de sus hijos, claro que también de sus superiores o de algún libro, es más, todos los días se ponía como objetivo aprender algo nuevo, por más simple o sencillo que fuere… siempre debía estar en movimiento, en crecimiento, avanzando.

Una de las frases que más usaba para arengar a sus subordinados a ser cada día mejores y continuar esforzándose al máximo era la siguiente «*Si quieres algo debes hacer algo, así de simple funciona. Nada vendrá a ti tan solo porque lo deseas, tus acciones deben ser conformes con ese deseo. Quieres un mejor sueldo, quieres subir de cargo, quieres un mejor trabajo, quieres…quieres…quieres… haz algo al respecto, tan solo tú puedes hacerlo y nadie lo hará por ti, es tu decisión, seguir igual que ahora o conseguir algo mejor.*» Y créeme cuando te digo que realmente esta frase resultaba motivadora para aquellos que la escuchaban, generaba un cambio en ellos, sembraba una semilla que tarde o temprano germinaba positivamente en ellos… ¿acaso no lo hizo en ti ahora cuando la leíste? También solía usar la siguiente expresión cuando veía o notaba a alguien cabizbajo, desganado o triste con su trabajo al no alcanzar los resultados esperados o colmar las expectativas, suyas o de su entorno, tanto superiores como subordinados, o con algún tema personal o familiar que tuviese que ver con problemas que sean producto de no alcanzar alguna clase de logro u objetivo que deseaban «*Eres el único que puede vencerte, porque solo tú decides cuando rendirte»*. Esta expresión ciertamente concebía cambios milagrosos en esas personas, inclusive cada vez que se la decía a alguien era como repetírsela mentalmente a él mismo, para reforzarse la idea.

Cuando formó parte de las filas del ejército, durante su instrucción como joven Cadete de la Escuela Militar, cada mañana al despertar antes que aparecieran los primeros rayos de luz, debía tender su cama a la perfección y en el menor tiempo posible, debían uniformarse correctamente con las botas lustradas, y asearse educadamente, muchos cadetes y pocos lavatorios, debían coordinar cada movimiento, puesto que debían cumplir con los tiempos programados, el tiempo era escaso y muchas actividades debían cumplirse, si no lo hacían eran sancionados y eso significaría no ver a sus familias el fin de semana. Al mismo tiempo todos en su grupo, en su equipo, eran sancionados si alguno de sus camaradas no llegaba a tiempo o no tendía correctamente su cama, llevó mucho tiempo de entrenamiento, coordinación y trabajo en equipo para lograrlo. Con el pasar de los meses, luego de haber sido sancionados muchas veces, ya sabían la mejor manera de tender la cama y a quien debían de ayudar en esa tarea, automatizar los movimientos para uniformarse correctamente y también a quienes debían darle una mano para esto, y surgían imprevistos continuamente, pero el grupo funcionaba muy bien y todos juntos lograban llegar a los objetivos, se ayudaban unos a los otros, la fortaleza del grupo se recaía en el trabajo en equipo, en el conocimiento que tenían cada uno del otro. Claro que no fue hasta haber transcurrido varios años ya de carrera y haber madurado tanto como Oficial pero principalmente como hombre, como persona, que pudo entender la importancia y significado real de estas costumbres, de estos hábitos. Él también lo exigió a sus subordinados siendo un joven Oficial, pero realmente no comprendía el cabal significado y la magnitud de estos actos, no fue quizás hasta su despertar espiritual que logró comprenderlo del todo.

Cada mañana es una nueva oportunidad para vivir, debemos estar agradecidos con ella, y cuando nos levantamos bien temprano, cuando los primeros rayos de luz empiezan a aparecer le decimos al universo que allí estamos para vivir un nuevo día, con toda nuestra energía y disposición, con nuestra grandeza, y al hacer nuestra cama estamos realizando el primer gran triunfo en nuestro día. Ten presente que el éxito es una sumatoria de pequeños actos triunfantes, pequeños y constantes. Es entonces que con este simple detalle, ya estamos predisponiendo nuestra mente, cuerpo y alma que ese día será triunfante, y así con los siguientes actos matinales, asearnos, tomar una ducha, vestirnos o uniformarnos, hacer alguna actividad física, meditar, desayunar, leer, escribir, en fin… todo lo que logremos habituar a nuestra rutina matinal que nos fortalezca mental, espiritual o físicamente, ni bien comienza el día, antes de irnos a trabajar o a estudiar, de comenzar nuestras labores, o a realizar nuestras actividades más rutinarias que solemos hacer, son actos triunfantes, hemos desarrollado una conducta triunfadora, una conducta que nos llevará al éxito. Y es así también que comprendió que la fuerza de una sola persona nunca podrá hacer lo que la fuerza y voluntad de muchas pueden lograr, por eso y para eso es que debemos aprender a trabajar en equipo, sincronizar nuestras mentes, cuerpos y corazones para alcanzar un fin en común, uno que nos llevará a todos al éxito y al regocijo. Es de esta forma que trató de transmitir cada vez que pudiera esta disciplina de buenos hábitos matinales a cada trabajador que lo notase perdido o contrariado, que fuese vago en sus tareas, que no llegase con todas las energías y buena disposición a la empresa, o que se encontrara sin norte aparente y lo transmitiera ya simplemente con sus ojos, ya que estos muestran la fuerza y entereza del alma, si podemos aprender a apreciarlos y nos tomamos el tiempo para hacerlo.

Su integridad no estaba en duda, ni para él, ni para su familia y amigos, así como tampoco para los integrantes de su equipo. Hacía todo lo posible y a su alcance para intentar hacer siempre lo correcto, tomaba todas las medidas necesarias para hacerlo, evitando dañar a las personas, quienes quieran que sean. Demostrando así con sus actos y palabras sus buenos principios y valores, la pureza de su alma que al mismo tiempo era firme en convicciones. Había edificado una legítima e influyente imagen personal, de fuerte liderazgo, sin dejar de ser por ello agradable, simpático y comprensible. Era disciplinado, en actitudes y aptitudes, había logrado forjar un estado de madurez intelectual y por sobre todo emocional y espiritual que era notoriamente influyente en los demás. Era seguro de sí mismo y transmitía esa seguridad al resto, los hacía sentirse seguros a su lado, pero principalmente pregonaba y enseñaba a que sean seguros consigo mismos. Una de las cualidades que mayormente gozaba, era la capacidad de conectarse con las demás personas, la capacidad de ponerse en el lugar del otro, de ser empático, de deducir lo que le sucedía a cada miembro de su equipo y es entonces que demostraba preocupación por ellos y trataba de hacer todo lo posible a su alcance para ayudarlos. Al reconocer sus propias emociones, como Líder tenía la habilidad de comprender o intuir lo que otras personas estaban pensando o sintiendo. Poseía una imagen inspiradora, su sola imagen impulsaba al equipo e inclusive a él mismo a adoptar comportamientos y actitudes triunfantes, no esperaba nada a cambio más que el placer y disfrute de alcanzar todos juntos como equipo las metas escogidas. Asumía en todo momento la responsabilidad del mando, del líder, como capitán de ese barco, toda la responsabilidad caería en sus hombros, pero los buenos resultados los disfrutarían entre todos, aunque los malos los sufriría él a solas. Cuando los vientos eran fuertes y el mar turbulento, se ponía al frente y protegía a su tripulación, si cometía un error y debía rendirles cuenta y disculparse por ello, lo hacía con total entereza y nobleza, no temía asumir errores ya que todos los cometemos, así como tampoco riesgos. Tenía el cuidado necesario con cada uno de sus actos y decisiones, todas eran analizadas profundamente, ya que cuanto más arriba estamos en la pirámide de mando, más personas se verán afectadas por nuestras malas decisiones o actos fallidos, sea en donde sea, en nuestro empleo, en el equipo deportivo, con nuestro grupo de amigos o con nuestra familia en el hogar. Lo que nadie dudaba era que debía ser probablemente la persona más optimista de la oficina, quizás hasta de toda la empresa, él había decidido ver siempre el medio vaso lleno, y la parte vacía, la veía como una oportunidad para encontrar una solución exitosa, una bella oportunidad para resolver una complicación, y que esta los acerque más a los buenos resultados, al éxito. Uno de los conceptos que pregonaba era que ante las adversidades no existían problemas reales, no debían desesperarse, ya que si tenían una solución no los catalogaba como problemas, y si no existían soluciones aparentes, tampoco eran un problema, más bien se debía de aprender de ellos para no volver a caer nuevamente en la misma situación en el futuro.

Uno de los puntos en los que más énfasis ponía y se exigía a sí mismo, era en mostrarse tal y como era, personalmente y en sus relaciones, cualquiera de ellas, ser transparente y sincero. Era consciente de sus pensamientos y actos, se hacía siempre responsable de ellos, principalmente por este motivo es que era ejemplar, si lo decía era porque lo demostraba con los hechos, con su accionar, no necesitaba mostrarse de otra forma más que su mismísima originalidad, no buscaba aparentar, ser alguien que no era. Sin embargo, siempre se esforzaba por ser la mejor versión de sí mismo y aspiraba a que el resto de su equipo también lo intentase. Invertía parte de su tiempo libre o disponible en realizar cambios internos en su vida personal, que le llevasen a ser aún más un referente en su equipo, sin salirse nunca de sus características genuinas. Claro que esto antes que nada lo pregonaba en su hogar, en su familia, con su esposa e hijos, ellos eran y siempre lo fueron la energía vital de ese hombre, su fuente inspiradora, origen de puros e inagotables recursos. Deseaba ser inspirador y legítimo en todo momento, demostrando sin temor alguno sus debilidades y vulnerabilidades, porque comprendía que estas conformaban parte de su fortaleza y valentía, si se equivocaba pedía las disculpas correspondientes y se enfocaba en resolver el error, y mucho más aún si alguien resultase perjudicado por el mismo. David era líder por lo que era y no por lo que decía. No se preocupaba en gastar tiempo en nuevas metodologías de comunicación que lo apartasen de su forma de ser, al contrario, en todo caso ese tiempo lo invertía en aprender de cada integrante de su equipo, desde el más joven al más veterano, del de menor cargo al de mayor cargo, en fin, de todos, buscando siempre comprender a los demás y crear vínculos más estrechos. Cada dificultad o situación de estrés no era más que una hermosa oportunidad y herramienta para el cambio y el desarrollo personal.

Cada mañana cuando ingresaba a la empresa, sin importar con quien se cruzase, lo miraba a los ojos y sonriendo le repetía palabras como las siguientes *«buenos y excelentes días, vengo con mucha energía positiva hoy y presiento que ya hay mucha de esa por aquí, lo puedo ver en tus ojos», «buenos días estimado/a, tienes que dejar algo de brillo al resto de nosotros, hoy eres una estrella», «que bella mañana el día de hoy, me ha regalado la oportunidad de verte un día más y compartir parte de mi tiempo contigo, gracias!», «estimado/a buenos y excelentes días, como has estado?, hoy sin duda alguna se te ve más reluciente que en el día de ayer», «buenos días mi comandante, aquí un fiel servidor lo saluda».* Y así como estas, tantas otras que rompían el hielo cada mañana, generando desde el comienzo de la jornada un ambiente cálido de trabajo, distendido, acortando distancias entre un gerente y el personal a su cargo, entre él y su equipo. Como le instruyeron durante sus años de servicio, y le quedó grabado como tatuaje irremovible en su piel, tanto el respeto, como la lealtad y el ejemplo, pilares fundamentales del liderazgo y del buen servir, siempre parten del superior, no puedes esperar de tus subordinados mejores actitudes a cambio para contigo y los demás que conforman el equipo, que las que tú mismo ostentes para con ellos.

Una de sus frases favoritas y que solía imprimir y pegar en sus cuadernos o libretas, para tenerla siempre presente, pertenece al Señor Winston Churchill, estoy seguro que debes de haberlo escuchado nombrar, al menos en alguna ocasión. Esa frase dice lo siguiente: «*Estoy convencido de que en este día somos dueños de nuestro destino, que la tarea que se nos ha impuesto no es superior a nuestras fuerzas, que sus acometidas no están por encima de lo que puedo soportar. Mientras tengamos fe en nuestra causa y una indeclinable voluntad de vencer, la victoria estará a nuestro alcance*», vaya si sabría algo de liderazgo mencionado señor.

Un día mientras recorría las diferentes áreas y sectores de la empresa que dependían de él, como tantas otras recorridas que habitualmente realizaba, observó a varios obreros del área de producción desganados, haciendo algo así como una pequeña huelga, un corrillo entre ellos. Se les acercó sin ser visto, sin que notaran su presencia, y escuchó a algunos quejarse en referencia a encontrarse cansados de que su vida fuera lo que otros quisieran que sea, tanto en el trabajo como en su hogar, que no les alcanzaba a fin de mes para poder pagar y comprar todo lo que les gustaría, y así siguieron un rato despotricando. Entonces, irrumpió en el lugar con toda la energía que lo caracterizaba, como cuando algo celebre estuviese por ocurrir, se subió a un banco de metal que allí se encontraba, casi que esperándolo, y abriendo sus brazos comenzó a recitar con voz enérgica, la siguiente frase *«Un hombre realmente se hace cargo de su vida y comienza a vivirla plenamente, desde ese preciso momento en el cual se compromete consigo mismo, y comienza a forjar su propio camino, empezando a transitarlo. De esta forma, se erige como hacedor de su propio y único destino, entendiendo que fue, es y será siempre, el único responsable por su vida.»* En seguida después, bajo del banco, se acomodó el saco del traje y su corbata, se dirigió a los obreros y golpeando el hombro de uno de ellos les deseó un buen día.

Otro día escuchó desde una habitación lindera, por pura coincidencia, a uno de los encargados, al cual le reconoció la voz y pudo identificarlo, era uno de esos líderes que había instruido en la charla sobre el esquema del éxito. Este se encontraba regañando a un empleado con voz enérgica y quizás hasta levemente grotesca, señalándole que no lograría llegar a los resultados que se esperaban de su trabajo, que de esa forma nunca colmaría las expectativas de la empresa y de continuar de esa forma sería despedido de la empresa, que se quedaría sin trabajo de pies en la calle, entre otras tantas atrocidades. Claro que llegó tarde a la charla, y por lo tanto desconocía los orígenes de la misma, tampoco conocía a ese trabajador, parecía ser joven de edad y también en la empresa, pudo identificar esto por su voz y sus respuestas. Fue por ello que se mantuvo al margen, no quería interferir en esa conversación ni quitarle liderazgo y mando a ese encargado de área, es así que se retiró y continuó con su recorrida y actividades. Dejó pasar unas horas y se dirigió a la oficina de ese encargado, apersonándose frente al mismo como cualquier otro día, allí le preguntó, como lo hacía de costumbre, sobre su familia, sus hijos, cómo había estado su día de trabajo y como venían respondiendo los empleados de su sector. En ese preciso momento, este le contó lo que le había sucedido con un joven empleado de unos veinte y pocos años, que hacía tan solo unos meses había ingresado a la empresa por recomendación de un veterano, que le conocía desde niño. Escuchó todo sin emitir comentario alguno que interrumpiera la exposición, simplemente asintiendo con su cabeza, al encargado terminar de contar lo sucedido, le hizo una simple pregunta «*¿Crees tú que debemos despedirlo y dejarlo de pies en la calle?*», a lo cual el encargado respondió que no era necesario, que creía que no se volvería a repetir esa situación, entonces le dijo «*¿Entonces crees que se merece una nueva oportunidad para subsanar sus errores?*», a la cual contestó afirmando con su rostro, y diciéndole que le había dado una última oportunidad, que estaba seguro que no volvería a caer en los mismos errores.

De esta forma continuó diciéndole «*Entonces no veo un problema real aquí, no existe un delito, no hay algo irremediable que haya ocurrido, simplemente es un joven muchacho, inexperiente, un nuevo empleado, que cometió un error debido a su ignorancia, al cual debemos de tenerle cierta confianza ya que ha sido recomendado por un veterano de la empresa, y también debemos tenerle paciencia por ser nuevo, como te mencionaba. A todos y cada uno de nosotros nos ha tocado en alguna ocasión ser los nuevos e inexperientes, y cometer muchos errores por ello, y cada vez que cambiemos de rumbo y comencemos a realizar algo nuevo, volveremos a ser nuevos e inexperientes, como lo he sido yo hace un tiempo atrás cuando comencé a desempeñarme en esta función, así es la ley de la vida. Creo ciertamente que lo que debemos hacer es instruirlo, enseñarle las herramientas y metodología de trabajo que queremos que use para cumplir su cometido, liderar su desarrollo personal a favor de los ideales de la empresa, esos que tú tienes y estoy seguro podrás inculcarle. Mi amigo, esta no es más que una nueva oportunidad que se te presenta para demostrar y demostrarte tu valía como líder... haz de ese muchacho la mejor persona posible y el mejor empleado de tu sector, que llegue a ser su mejor versión, y estarás sirviéndole a un propósito más grande que tú, yo y la mismísima empresa*». Terminando de esta forma, estrechó su mano, dándole un suave golpe en su hombro y retirándose de la oficina. Hoy en día, tan solo unos años más tarde luego de ese hecho, ese joven muchacho se ha convertido en un hombre maduro, y en uno de los empleados de referencia del sector, siendo la mano derecha de ese líder que un día lo regañó, y posiblemente en un futuro no tan lejano, se convierta en su sucesor.

Es tan así, que debemos tener en claro que existen las segundas oportunidades, siempre las hay, no debemos cerrarnos puertas ni cerrárselas a los demás. Cuando somos nosotros quienes tenemos la posibilidad de darle a alguien una segunda oportunidad, debemos hacerlo y guiarlos en ese camino, no dejarlos desamparados y a su propia suerte, no debemos dejarlos solos nuevamente, todas las personas pueden cambiar y mejorar, todos podemos cambiar y mejorar, tú puedes cambiar y mejorar. Si los dejamos nuevamente solos, posiblemente volverán a hacer lo mismo y así esto los conducirá a los mismos resultados, mismos errores, tal cual como puede ocurrirte a ti. Al mismo tiempo es sustancial que comprendas que, regañar a una persona fuertemente, hiriendo su autoestima, no suele ser la solución. Como líderes debemos de medir nuestras palabras, y si bien, debemos marcar los errores, no es la mejor manera hacer leña del árbol caído, al contrario, debemos mostrarle a ese árbol que aún esta vivo, que

aún puede rebrotar sobre sus heridas, que existe una nueva
oportunidad para él y que para eso debe confiar en sí mismo.
También debemos enseñarle y transmitirle nuestros
conocimientos y por sobre todo nuestra experiencia, recuerda
que tanto el éxito como el fracaso de un eslabón del equipo, es
el de todos.

En otra ocasión, te contaré lo que sucediera un miércoles como
cualquier otro, en los cuales solía frecuentar en su horario libre
para el almuerzo, un pequeño Restaurant cercano a la empresa.
En este poseían una carta con el mejor menú ejecutivo de la
zona, muy variado, sabroso y a un razonable precio, el servicio
que brindaban era de maravilla y el personal que trabajaba allí
poseía un grado de cortesía y amabilidad sobresaliente. Al
llegar al mismo, tomo asiento en una mesa que se encontraba
de lado a otra ocupada por un grupo de sub gerentes de la
empresa, pertenecientes a diferentes áreas de la misma. En
determinado momento los escuchó discutir sobre las críticas
negativas que se estaban recibiendo por parte de la
competencia, algunas de ellas hasta inclusive de manera desleal
sobre todo de empresas de mayor envergadura en el rubro.
También habían recibido algunas amenazas que buscaban
amedrentar el éxito de esta joven empresa, que ponía sobre la
cuerda floja a aquellas que hasta ahora dominaban el sector. Se

los notaba preocupados, inclusive algunos hasta temerosos, es entonces que en ese preciso momento le pidió al camarero una copa de su mejor vino tinto, haciéndolo a viva voz hacía el otro lado del local, para que su voz y su pedido no pasase desapercibido por los allí presentes *«Camarero, viejo amigo, tráigame una copa de su mejor vino tinto, que hoy es día de festejo y regocijo».* Imagínate la cara de desconcierto de todos los allí presentes, en especial la mesa a su lado donde estos hombres y mujeres ocupaban, y claro no pudo evitar darse participación en esa conversación. Es así que se puso de pie y dio unos pasos para quedar frente a ellos, y allí con la copa de vino alzada en su mano derecha y gesticulando con la izquierda, tal cual un orador frente a su audiencia, recitó dos frases del aclamado autor Miguel De Cervantes en su famosa obra literaria «Don Quijote de la Mancha»… *«Conocen ese momento tan especial, cuando el ingenioso hidalgo don Quijote de la Mancha le dice a su escudero Sancho… ¡Sancho, dejad que los perros ladren, es señal de que cabalgamos!… y como olvidar cuando el sabio Quijote también le dijo a su fiel escudero… ¡confía en el tiempo, que suele dar dulces salidas a muchas amargas dificultades!… así que salud mis colegas, amigos, brindemos por nuestro éxito que claramente no ha pasado desapercibido»,* y en aquel momento, liquidó su copa de vino de un solo sorbo, tomó nuevamente asiento en su mesa y terminó su almuerzo. Ese día al levantarse de la mesa dejó la mejor propina que había dejado hasta ese entonces, en toda su vida, y lo hizo naturalmente, casi sin darse cuenta, apenas percibiendo que en ese momento se encontraba en pleno regocijo, ya que se le había planteado una nueva y única oportunidad para Liderar a su equipo. Había notado en ese momento una de las actitudes limitantes que los estancaban, que los ataban, no permitiéndoles avanzar, había percibido actitudes negativas que sabía podía hacerles cambiar, los había agarrado, como dice la reconocida frase «con las manos en la masa», ahora todo dependía de él.

Esa misma noche, en la calidez de su hogar, luego de haber hecho dormir a los niños, no podía quitarse de su cabeza la imagen de lo que había ocurrido en esa jornada, es así que visualizó que sería necesario volver a reunirse con el resto de los líderes de la empresa, incluso solicitar a sus superiores para hacerlo también con aquellos que no pertenecían a sus áreas de influencia directa. Para lograr esto, debía despertar su ingenio y preparar alguna clase de charla que volviera a enfocarlos en el camino de éxito que se encontraban recorriendo, es así que tomó una hoja y un lápiz del cajón donde sus hijos guardaban útiles para colorear y dibujar, y unas horas más tarde había diseñado el cuadro que te enseñaré a continuación. Este cuadro fue para muchos en la empresa, un antes y un después, para otros el último espaldarazo que los catapultaría al éxito personal y colectivo, pero por sobre todo, para todos los presentes, sería un claro ejemplo de la constancia que se debe poseer para alcanzar los objetivos deseados y planificados.

A esta ideología de trabajo y de vida, inquebrantable, inmutable e ineludible, la llamó **CONSTANTE 3D**.

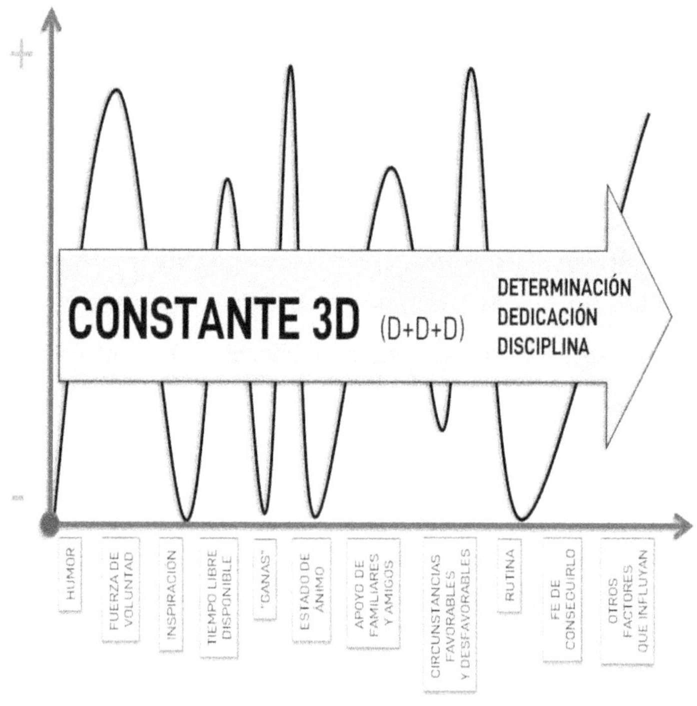

Es así que, al llegar al día siguiente a la empresa, se dirigió sin perder tiempo a la oficina de sus jefes, habló con ellos y les solicitó realizar una reunión con carácter de urgencia, haciéndoles comprender la prisa de la misma, a la cual claramente les extendió la invitación, aunque no pudieron concurrir por diversas razones, que no importa explicar en estos precisos momentos. Posteriormente a obtener la aprobación de los anteriores, llamó a una reunión de carácter urgente, impostergable e ineludible, a llevarse a cabo media hora antes de la retirada habitual del horario de oficinas, en la sala de conferencias principal del edificio. En tal ocasión, los esperó con el cuadro que vimos anteriormente, dibujado en el pizarrón, y allí perduró durante toda la reunión, que no duró más que unos treinta minutos, pero fue muy intensa a razón de su contenido, el cual te detallaré a continuación.

Ya con todos presentes en la sala, comenzó diciendo «*Buenas tardes a todos, antes que nada, me disculpo por haberles quitado parte de su preciado tiempo. Se preguntarán seguramente que hacemos hoy aquí, cual ha sido la urgencia que ha originado esta reunión. En primera instancia, quiero felicitarlos por su trabajo y desempeño, por el de todos nosotros, individualmente, pero por sobre todo como equipo, la empresa se encuentra creciendo a ritmos acelerados con bases y principios firmes, que sustentan su constante desarrollo, y esto es gracias principalmente a todos los aquí presentes, al cuadro de Líderes que conforman la misma. Así que para empezar, regalémonos un merecido aplauso»* Luego del minuto que aproximadamente duró ese momento de regocijo, prosiguió diciéndoles lo siguiente «*En el día de ayer, me di cuenta que a estas alturas, con el notable desarrollo que estamos obteniendo a nivel económico, de recursos humanos y materiales, de productos, de marketing, de clientes, con los continuos avances, en fin... a todo nivel... quizás estábamos necesitando un toque de energía renovadora y que al mismo tiempo nos sirva de soporte. Es entonces que aquí les traigo ese soporte, al cual lo llamaremos CONSTANTE 3D. Verán, esto que les voy a decir no solo ocurre aquí en la empresa, en el trabajo, ocurre en todo aspecto de nuestras vidas. No siempre estamos con los niveles de energía al tope, con el mejor humor, con las ganas de seguir realizando algo, con la voluntad de hacer cosas, bien descansados y dormidos, todo ocurre tan bien que no existen preocupaciones ni problemas por resolver de urgencia,... me animaría a decirles que lo óptimo suele no sucederse, ese momento adecuado y perfecto generalmente no llegará, es así que si pretendemos alcanzar determinados logros, llegar a determinados puertos lejanos y codiciados, lograr determinados objetivos, debemos ineludiblemente ser constantes con nuestras actitudes y acciones, y para ello debemos de cumplir con 3 principios que los llamo las 3D. Estos principios son los siguientes: la Determinación de ir por nuestros sueños, metas u objetivos, la Dedicación para brindarle el máximo de tiempo disponible con el máximo de entrega a los proyectos que nos acercarán a ellos, evitando las excusas y pálidas que nos alejen de los mismos, y por último y quizás de los tres el principio fundamental; la Disciplina para ser constantes todo el tiempo pese a las dificultades y obstáculos que se nos presenten, confiando en nosotros mismos y en los resultados que obtendremos si mantenemos la conducta adecuada, siendo leales a nuestros pensamientos y a la voluntad de alcanzar los objetivos que nos propusimos, manteniéndonos motivados con la visión puesta fija en esos sueños que alcanzaremos».*

Luego y antes de terminar la reunión, dibujó a un lado del pizarrón, en un pequeño lugar que le había quedado libre, un vaso a medio llenar, posteriormente señalándolo les fue preguntando uno por uno que veían allí dibujado, creo que no es necesario explicar al detalle que todos los presentes respondieron de forma muy similar, todos conocían la vieja metáfora del vaso y es así que sabían al dedillo, al menos hasta ese momento, cual era la respuesta acertada, la que siempre tenía el cartón ganador en cada ocasión que se hacía referencia a la misma. Esta respuesta seguramente también tú la sepas, desde muy pequeño, la que te han inculcado y enseñado en tu hogar o en el colegio, la que habrás leído en algún libro o escuchado por radio o televisión, y ahora... estas desconcertado ya que aprenderás a continuación, al igual que lo hicieron esas personas en ese salón, la verdadera respuesta correcta, la que pocos conocen, la que tan solo aquellos que son verdaderamente exitosos conocen y practican, la que usan los triunfadores que han logrado escribir su propia historia, llena de logros y metas cumplidas.

Entonces, luego de escucharlos uno por uno dar sus respuestas les dijo; «*todos los aquí presentes conocemos esta metáfora, debe ser casi tan vieja como la vida misma, obviamente con algunas cambios de palabras, pero como les decía todos sabemos que este vaso tiene dentro de él liquido llegando a cubrir tan solo la mitad del mismo, y como ya lo hice, debía preguntarles que es lo que ven, que lo interpreten y me lo expongan, claro que ya todos los presentes sabemos cuál es la respuesta ganadora, la correcta, la que siempre nos dijeron, blanco o negro, una o la otra, y sinceramente debo decirles que todos dijeron la vieja y conocida respuesta acertada, cada uno con sus matices pero llegaron a la misma conclusión... lamento informarles que están todos equivocados, así como lo estuve yo mucho tiempo, la gran parte de mi vida para serles sincero, hasta que realmente comprendí la verdadera respuesta, la que hace la diferencia. Así lo es, así como me escuchan, antes que nada quiero reafirmarles que la vida no ocurre en blanco y negro, está llena de matices, por lo tanto siempre puede existir un nuevo punto de vista, una nueva solución, una nueva forma de hacer algo, una manera de conformar a ambas partes en una discusión o confrontación. De todo lo malo o contradictorio con sus ideas, seguramente podrán encontrar algo bueno, alguna enseñanza, algún aprendizaje, no se cierren a nuevas posibilidades y formas de ver una misma situación, nuevas ópticas. Ahora, prosigamos directamente con la metáfora. Es entonces, que sí existe una solución, realmente no hay un problema, sino que un contratiempo. Sin embargo, a todos nosotros nos han enseñado a pensar en problemas, entonces la verdadera dificultad aquí radica en que si vislumbramos un problema, de esta forma continuamos pensado en el problema más allá de sentirnos o percibirnos positivos, y por eso identificamos la existencia de una solución para ese problema. Siempre nos han dicho que existen dos formas de interpretarlo, ¿no es cierto?, una positiva y la otra negativa, o vemos el medio vaso con liquido o vemos que le falta medio vaso por llenar, o vemos la mitad vacía o la mitad llena. Sin embargo, si lo divisamos de esta manera nunca dejaremos de ver el problema y poner nuestro énfasis en él. Claro que aquí, de esta forma de pensar, aparecen las dos formas de interpretarlo que llevamos tan arraigadas, las que anteriormente les mencionaba, vemos el problema en sí y no nos damos cuenta que podemos solucionarlo o vemos que existe un problema y podemos encontrarle la solución, pero nunca dejamos de enfocarnos e invertir nuestro tiempo y esfuerzo en el mismísimo problema. Llegados a este punto, aquí mismo y ahora, es donde les explico que existe otra forma de verlo, una tercera, que es totalmente positiva y enfocada en demostrarse a ustedes mismos lo valioso que son. En esta deben olvidarse de la existencia de una parte media llena y otra media vacía, o que existe un problema que deben resolver, en esta nueva interpretación solo verán una oportunidad, para brillar, para superarse, para demostrarse a ustedes mismos lo valioso que son, los ingenioso e inteligentes. En esta ocasión, como ya han aprendido a liderar su vida, como piensan y actúan como verdaderos líderes, lo único que está frente a su vista es una nueva oportunidad para crecer, una nueva oportunidad que deberán y querrán aprovechar para acercarse más al cumplimiento de sus objetivos, para crecer, para demostrarle al mundo y por sobre todo demostrarse a ustedes mismos que son los amos, los dueños de su destino y de todas las circunstancias que se les presenten, que son imparables, incansables, son absolutos, son completos, son hacedores de su propio destino. Entonces, a partir de ahora cuando se les presente un contratiempo, vean en él una grandiosa oportunidad y alcancen una solución, una respuesta, un recurso que les permita avanzar y continuar adelante, creciendo».*

Por último y antes de llegar al final del libro, al desenlace de esta historia, tengo que contarte algo importante que comenzó a enseñarle a su equipo de líderes e implementar en sus áreas de responsabilidad, así como también lo habló y manifestó a sus superiores y pares en las reuniones gerenciales. Lo haré de forma rápida y concisa ya que no hubo grandes charlas o jornadas de instrucción en las cuales formó sobre esto a sus subordinados, simplemente existieron conversaciones, en ocasiones individualmente y en otras grupales. Su idea era ir generando de a poco un cambio en la matriz de pensamiento y consecutiva ejecución por parte de sus subordinados, así como también de sus pares, buscaba hacerles notar la importancia de planificar organizadamente, de gestionar adecuadamente, no dejar cabos sueltos y evitar el libre albedrío al tomar decisiones, principalmente en lo que a producción y servicios se refiere. Veras que te resultará interesante y seguramente de sea de ayuda a lo largo de tu vida, en cualquier área en la cual te desempeñes y más aún cuando tengas aspiraciones y propósitos personales por cumplir, objetivos por alcanzar.

En esos tiempos en los cuales David descubrió que faltaba organizar un poco mejor el funcionamiento de sus sectores, cuando ideo el esquema del éxito y se los instruyó, cuando les enseñó sobre el procedimiento de toma de decisiones, en ese momento también divisó que no existía siquiera un conocimiento mínimo en lo que refiere a la gestión de proyectos, que la empresa iba avanzando sobre ideas impulsivas, sin procedimientos ni metodología alguna, al menos en los niveles por debajo de los gerenciales, como quien dice, estaba desorganizada. Pareciera que cada sector estuviese desconectado de los otros, como que cada uno trabajara independientemente y a su ritmo, que no dependiera para nada de los demás, como si fuesen empresas diferentes y con objetivos distintos, sin planes en común. Es entonces que comenzó a enseñarles sobre la importancia de generar y gestionar proyectos en común, comenzando desde lo más básico, casi que desde cero. Iniciaba las conversaciones explicando que un proyecto es la sumatoria de acciones para desarrollar una idea, para crear un producto o servicio, para alcanzar un objetivo trazado. Que una correcta gestión de los proyectos le brindaría a la empresa una sumatoria de beneficios como lo son la rápida respuesta a las demandas inconstantes del mercado, con un grado de adaptación y flexibilidad mejor ante los constantes cambios, generando una visión estratégica. Así alcanzarían el acoplamiento y la sinergia entre las diferentes áreas que integran la empresa, y como punto fundamental, les aportaría liderazgo y dirección a los propósitos de la misma. Al mismo tiempo y como lo hizo en todo momento, fomentó la capacidad de adaptabilidad, de flexibilidad, tanto en los procesos como fundamentalmente en la mentalidad de los individuos.

Como te mencionaba, no pretendo profundizar mucho en esto, pero si que comprendas que así como David lo comprendió y comenzó a mover sus fichas para mejorar en este aspecto, tanto en lo personal como en lo grupal, en lo familiar y en lo laboral, también puedes y debes hacerlo tu en todo aspecto de tu vida. Tienes que aprender a generar proyectos y gestionarlos adecuadamente, buscando y pretendiendo la eficiencia de los procesos. Debes trazarte objetivos estratégicos y generar los proyectos que te ayuden a cumplirlos. Esta herramienta o metodología, como quieras denominarla, te favorecerá y de seguro de hará ganar tiempo y economizar recursos durante los procesos que realices para alcanzar tus objetivos y sueños.

VIII. CARTA DEL CAPITÁN A SUS HIJOS

Los hijos son el mayor y más importante legado. El mejor regalo que podemos obsequiarle al mundo son buenas e integras personas que impacten positivamente en él.

Las palabras habladas son volátiles como el viento, desaparecen en un tiempo breve. Claro que no por ello significa que sean livianas brisas, pueden ser pesadas, fuertes y generar grandes cambios o daños a su paso, tal como un tornado o los vientos provocados por un huracán, dejan sin lugar a dudas huellas que pueden perdurar mucho tiempo, aunque los vientos rápidamente se dispersen. Sin embargo, más allá de esto, suelen perdurar poco tiempo, quizás como mucho dos o tres generaciones en los tiempos actuales, a diferencia de antaño cuando las tradiciones y los conocimientos se transmitían de generación en generación, de esa forma, durante siglos … claro que siempre hay excepciones.

En contrapuesto a esto, cuando las palabras son registradas de una u otra forma, en la gran variedad existente hoy en día; escribiéndolas en un papel, redactando memorias, cartas o diferentes documentos, formalizándolas en un libro, artículo de periódico o semanario, quizás hasta inclusive creando con ellas canciones, refranes o poemas, en videos, y hasta quizás en obras de arte esculpidas o pintadas, perduran en el tiempo. De cualquiera de estas maneras las inmortalizamos, trascienden el tiempo, el lugar y el espacio. Se vuelven realmente poderosas, rompiendo toda clase de barrera social o cultural. Al mismo tiempo, al trazarlas con tinta sobre un papel, evitaremos perder datos y detalles que quizás sean de relevancia, antes, ahora o lo serán en un futuro. De igual forma, impediremos que esos conceptos se vayan tergiversando de remitente en remitente, y así de esta manera, perdiéndose con el tiempo.

En este Capítulo, el último del libro, concibiendo estos conceptos que te expresara en el párrafo anterior, te dejaré la carta que el Capitán, David, escribiese un día para sus hijos. Luego de tantas vivencias y experiencias, de idas y vueltas, después de tantas caídas que lo obligaron a levantarse con mayor fuerza y determinación para continuar en la búsqueda de sus sueños, del éxito anhelado. Al final, consiguiendo construir su camino, fijar su rumbo, principalmente luego de encontrarse a sí mismo y descubrir que en este mundo lleno de oportunidades, era él el único arquitecto de su presente y futuro, moldeándolo a su antojo a favor de alcanzar sus sueños. Era y sería siempre el responsable de su vida, de lo que pase en ella, de lo que alcance, de lo que logre, de lo que construya, de lo que cree, así como también de lo que no. Esta carta no es más que las memorias de un hombre común y corriente como cualquier otro, que busca dejarle a sus hijos, plasmadas en un papel, las más puras y sinceras experiencias de vida, que pudiesen ayudarles durante el transcurso de las suyas. Vivencias que fue aprendiendo a lo largo de su vida, en base a aciertos y errores, a caricias y a golpes, a caídas y volver a levantarse, a lágrimas y a risas… y quería trasmitirles. En estas frases se iba su vida, su experiencia, sus alegrías y tristezas, en fin, su propia existencia, de la cual estos niños eran y serían por siempre un bastión esencial. Para David, sus hijos eran su legado, y como tal, su mayor proyecto.

De esta forma, comenzó a escribir la carta, esa que una fría noche de invierno escribiese junto a la estufa a leña de su nueva casa, esa que tanto había anhelado y soñado, un día que pareciera ahora ser tan lejano, esa casa que era su hogar, fruto de su determinación, esfuerzo, dedicación y templanza. Entonces, tomó una libreta de anotaciones en la cual solía escribir habitualmente ideas y memorias, una en la cual asentaba los sucesos que entendía importantes para ser registrados. En su mano derecha sostenía un bolígrafo que le fuese obsequiado alguna vez por un grupo de jóvenes Oficiales, a los cuales comandó y con quienes conformó parte de una Unidad del Ejército, que lo dejó marcado para el resto de su vida. A su izquierda, sobre una mesita de madera, lo esperaba una taza con café espresso, al estilo italiano, con un fuerte aroma que invadía todo el aire de la sala, como el que preparaba su ya fallecido abuelo, cuando él era apenas un niño. A sus pies se encontraba su mascota y fiel amigo, un Labrador que hace ya varios años compartía con su familia el hogar. Lo habían adoptado desde cachorro, y había crecido junto a sus hijos, era parte de la familia, un integrante más, fruto de ese cambio de vida que logró alcanzar cuando compró esta casa. Mientras escribía, se podía escuchar desde la estufa el crujir de la leña ardiente, y el sonido de las chispas de ese fuego que hacían aún más acogedor el momento. Por la ventana principal de aquella sala, se apreciaba reposando en el negro cielo, la luna llena en todo su esplendor y magnificencia.

Esa noche, ese preciso momento, se había convertido en uno de los más significativos a lo largo de toda su vida. ¿Para que venimos a este mundo si no es para hacer de este uno mejor al que encontráramos al llegar… si no es para dar el máximo de nosotros y transmitir conocimientos, ideas, valores y emociones a las demás personas y generaciones futuras… si no es para ayudarles a que logren alcanzar sus sueños, para que tengan una mejor y plena vida? ¿Para que vivimos si no es para ser felices y plenos, y transmitir estos gozos? ¿Por qué existimos si no creemos merecerlo? Somos uno con el mundo, con el universo… somos creadores de vida y responsables de darle a esos pequeños la sabiduría necesaria para que alcancen sus sueños, sus objetivos, para que sean también uno con el mundo y para que se edifiquen a si mismos como personas de bien, colmadas de amor.

Es entonces, que la carta así comenzaba …

Amados hijos, hoy les escribo una carta con el pecho abierto, pongo mi corazón y alma en sus manos. Les escribo mis memorias y algunos pocos consejos, que este padre, está convencido que les serán útiles a lo largo de sus vidas, durante su transitar por el camino que elijan en este mundo. No son ni más ni menos que mis experiencias y el rumbo que le di a mi propia vida, y de la cual ustedes y su madre forman la parte más feliz, inspiradora y hermosa. Aún son tan niños, tan pequeños, que seguramente no podrán comprender la mayoría de las palabras que en esta carta se lucen, ni el sentido de la misma. Tal vez pasen años hasta que puedan comprenderlas íntegramente, pero no es esta una limitante para escribirlas. Las personas debemos hacer las cosas cuando estamos seguras que debemos hacerlas, no dejar pasar el tiempo, no sabemos lo que ocurrirá mañana. Más allá que las consecuencias a veces se suceden posteriormente en el tiempo, no quiero dejar para más adelante lo que puedo, debo y quiero hacer en estos momentos. Me gustaría enseñarles esto mirándolos a los ojos, sentarnos a charlar en alguna ocasión tomando un café, pero como les dije, no puedo ni quiero dejar pasar el momento, porque la vida es hoy, el momento es ahora.

Queridos, las palabras escritas se inmortalizan, mientras que las habladas suelen ser volátiles y se las lleva el viento con el pasar del tiempo, por eso hoy y ahora las escribo, para que sean eternas, para ustedes, sus hijos y los hijos de sus hijos, si así lo desean.

Es así que de esta forma, comienzo diciéndoles que no dejen para hacer algo mañana que debían, podían o querían hacer hoy, disfruten y gocen cada momento. El tiempo es mezquino y limitado, no podemos controlarlo, ni a él ni a la mayoría de las circunstancias que nos rodean, pero si podemos controlar nuestra actitud frente a ellas, y somos enteramente dueños de las nuestras, de nuestro limitado tiempo, el cual no sabemos cuánto durará, así que aprovéchenlo al máximo, cada día, cada hora, cada minuto y cada segundo valen. La vida no es lo que pasa en cada segundo, en el que se encuentran jugando, divirtiéndose, o haciendo algo que les apasiona, la vida lo es todo el tiempo, cada momento y cada lugar, tanto cuando estén estudiando, trabajando, tomando una ducha o almorzando, cuando lloren, griten o rían, en cada instante están viviendo, y la vida les va transcurriendo sin volver atrás. Recuerden que ustedes hoy son lo que son, por lo que hicieron o dejaron de hacer ayer, y serán mañana, por lo que hagan o dejen de hacer hoy.

Quiero transmitirles en esta carta experiencias, algunas enseñanzas, valores, y regalarles quizás algunas herramientas que les serán necesarias y útiles para desarrollarse al máximo de su plenitud en los caminos que decidan tomar, y alcancen en ellos el éxito que tanto anhelarán y buscarán. Anhelo transmitirles algunos de los secretos que los ayudarán a ser y tener lo más importante en la vida, la Felicidad, ya que a mí, me ayudaron a encontrar la mía. No soy, les aseguro, un padre perfecto, mucho menos un hombre perfecto o ejemplar, pero sepan que nadie lo es, todos tenemos y cometemos errores, de cierta forma la vida es eso, tomar decisiones tanto sean acertadas o equivocas, y tener la determinación de lograr nuestros objetivos, nuestras metas.

La vida se trata de elegir un camino e irnos desarrollando en él, cometiendo errores a nuestro paso y creciendo a través del esfuerzo y dedicación que ponemos para solucionarlos, haciéndonos siempre responsables de nuestros actos, palabras y pensamientos, acertados o erróneos, y siempre pidiendo sinceras disculpas si herimos a alguien a nuestro paso. Pedir disculpas implica mucha valentía y coraje, así como también saber perdonar si es a nosotros a quien hieren.

Sin dudas soy y siempre seré para ustedes un ejemplo,
todos los padres lo son, los abuelos lo son, los tíos, inclusive
los hermanos mayores, todos los adultos lo son para los niños,
todas las personas que de una forma u otra los influya son
ejemplos para ustedes. Ahora, de ustedes depende que clase de
ejemplo son, que clase de ejemplo seré yo para ustedes, en
cada momento o actitud que posea. En algunas ocasiones seré
ejemplo de lo que se debe hacer, en otras de lo que se puede
mejorar, y claro que en algunas de lo que no quieren imitar.
En fin, todos los ejemplos son válidos, son buenos, porque
significan experiencias de alguien más que ya paso por lo
mismo o situaciones similares, por lo tanto, podemos usarlas a
nuestro favor, para no arrancar de cero. Mis pequeños...
aprovechen la experiencia de los demás, pero no la den por
cierta si no pueden comprobarla. Entonces, si yo he caído en
un pozo, no es necesario que ustedes también deban vivir esa
experiencia, mi ejemplo debe servirles para buscar y
encontrarle una solución a esa dificultad. Ahora, este punto es
muy importante... si existe algo catalogado como un problema,
claro que este tendrá una solución, y si tiene solución, no es un
problema... denlo por cierto. Crean que todo lo que les suceda
lo superarán si se comprometen y tienen la determinación de
hacerlo, y para ello, tendrán que darle rienda suelta a su
ingenio. Notarán a medida que vayan creciendo, que el mundo
está lleno de circunstancias que se suceden y generan

inconvenientes o retos a resolver, y la diferencia principal entre una u otra persona que toman la decisión de afrontarlo y superarlo, en errar o acertar en el intento, radica muchas veces en el ingenio, en la imaginación que las personas tengan para solucionarlas. Tanto es así, que para algunas personas, por más que lo intenten mil veces, las soluciones nunca aparecerán, mientras que para otros si lo harán. Es por ello, que nunca deben rendirse, la solución puede encontrarse en la próxima puerta que abran, o en aquella siguiente que decidan no abrir. Tengan en cuenta lo siguiente, porque darse cuenta temprano les ahorrará tiempo y dolores de cabeza. Si algo no tiene solución, no gasten tiempo intentando buscarla, por lo tanto, si algo no tiene solución, ya no es un problema... y si tiene solución, no podrían llamarlo problema.

Al comenzar cada mañana, al despertarse, cuando apenas abran sus ojos, agradezcan, den las gracias por estar vivos, por tener frente a ustedes una nueva oportunidad de vivir, de respirar en un nuevo día, regocijasen de inspirar una nueva brisa, disfruten de la luz que ese amaneciente sol les regala. Gratifíquense de aquello que tienen y son, desde un plato de comida, una cama donde descansar, la vestimenta que posean y hasta un vehículo que los lleva a estudiar, trabajar o pasear, agradezcan por lo que son como personas físicas, mentales y emocionales, y también por aquellos que aman, familiares o amigos. Simplemente agradezcan, por lo que sea que quieran hacerlo, den las gracias, sean agradecidos de estar allí porque otros no tienen la misma fortuna que ustedes tienen… respirar el aroma de un nuevo día. Al acostarse, luego de terminada la jornada, también den las gracias, agradezcan por todo aquello que hayan vivido, no importa que tan bueno o malo fuera, agradezcan la experiencia. Regocíjense de haber sido acompañados un día más, por esa estrella inmensa llamada sol y su amiga la luna, que los acompañaron durante todo su día y noche, no dejándolos solos y siendo testigos de los logros que han conseguido, de las sonrisas que han regalado y también de alguna lagrima derramada, ¿por qué no agradecerlo? si todo ello no significa más que solo una cosa, que están vivos.

Existe una frase popular muy distinguida que dice lo siguiente «El conocimiento es poder», la solemos decir o escuchar con frecuencia cuando somos adultos, y ustedes también lo harán. Creo que solemos interpretarla erróneamente, y por esta razón, no alcanzamos el éxito deseado o esperado, en cualquiera sea el área a la cual nos dediquemos o queramos desenvolvernos, más allá de lo que sepamos o no. Necesito que sepan interpretar lo que les explicaré a continuación, de ello depende en gran parte el éxito que obtengan. Deben comprender que el conocimiento por sí solo no es poder, sino que es una sumatoria de fundamentos e ideas que acrecientan nuestro nivel de cultura general, o sobre una materia o actividad específica. El conocimiento se transforma únicamente en poder, desde el momento que lo organizamos en planes definidos y expresamos estos planes en términos de acción, que quiero decirles con esto, que si no encuentran la forma de materializar y usar los conocimientos que posean de nada útil les serán. Se los diré de forma simple, de nada sirve saber hacer algo si no hago nada con ello, cuando puedo y debo hacerlo.

Queridos, les ruego que sean una manifestación pura y sincera de su alma, entréguense a su destino, ese que no pueden ver, pero pueden sentirlo inconscientemente, el que ustedes construirán con cada pensamiento y acción que realicen, con cada paso que den. Entréguense a la felicidad, a la felicidad plena, no en cuotas. Los resultados que desean les llegaran cuando se den cuenta que su destino depende de ustedes, la voluntad de la vida es su propia voluntad, la vida debe fluir a través de ustedes voluntariamente, dejando ir lo malo y doloroso, permitiendo lo bueno y agradable, siendo libres de desear y confiando en que lo alcanzarán. Deben aprender a dejar ir, a las personas cuando ya no les sumen en su vida, y también a las cosas cuando ya no las usamos. Todo en el universo ocupa un lugar, tanto sea físico como emocional… no puede existir amor donde hay odio, no hay alegría donde hay rencor, no pueden llenar su armario de ropa nueva si aún tienen toda la vieja ahí.

Ustedes son el universo y el universo son ustedes mismos, antes, ahora y en el futuro, siempre serán ustedes las oportunidades y al mismo tiempo las limitaciones, dejen fluir su yo por su mente, cuerpo y alma, desde adentro hacia afuera y desde afuera hacia adentro, no traten de controlar todo, aprendan y disfruten de todo, entréguense a la felicidad y ella les llegará de a mares porque ustedes fluyen con y a través de ella.

Sean y trátense siempre como la persona que crean ser y quieran ser, no por lo que otros negativamente digan de ustedes, menospreciándolos o cortándoles sus alas… porque realmente serán esa persona, no la que ven al espejo con los ojos abiertos sino la que ven con los ojos cerrados reflejada en su alma, si ustedes no se perciben con la majestuosidad que son y con la cual han sido creados, nadie lo hará.

Los resultados que obtengan con sus actos, siempre serán en consecuencia con los mismos. Un pequeño león cuando bebe agua del manantial, ve en su reflejo al futuro Rey de la Sabana y no a una gacela. Entonces cada mañana al despertar deberán de elegir si serán un león o una gacela, erigirse y comportarse como tal, solo de ustedes depende, de nada ni nadie más que de ustedes mismos, en su esencia, en su alma, en su yo. Cada día cuando salgan de su hogar, háganlo con la fuerza, ímpetu y determinación necesarias para conquistar el mundo.

Recuerden estas cuatro frases que les contaré a continuación, y repítanlas con cosas bonitas, son muy importantes y poderosas, pero no son las únicas, ya verán que pueden cambiarlas o modificarlas siempre y cuando mantengan los mismos principios. Hagan con ellas afirmaciones positivas diciéndole al universo y a ustedes mismos... quienes son, lo que quieren y lo que desean, con el convencimiento de que ya lo son y ya lo tienen. Estas sirven para reprogramar nuestra mente, para quitarnos de la cabeza las creencias negativas, los malos pensamientos que nos limitan, detienen y hieren, y nos impulsan a comenzar a actuar a favor de la obtención de nuestros sueños... nos ayudan a ser felices.

Recuérdenlas y úsenlas, ellas son las siguientes:

Yo Soy ... (hermoso/a, fuerte, exitoso/a, pleno/a, energía...)

Yo me permito ... (ser feliz, viajar, disfrutar, jugar, ser libre...)

Yo poseo ... (la fortaleza para alcanzar mis sueños...)

Yo gozo de ... (excelente salud, prosperidad, felicidad, amor...)

Les cuento un secreto... no tienen que ser grandes líderes, excelentes profesionales, poderosos empresarios o millonarios, para comenzar recién a hacer cosas grandiosas. Tan solo deben comenzar a hacer algo, únicamente deben comenzar, y cuando lo hagan, sigan y persistan en su camino, así es como ustedes llegarán a ser grandiosos y poderosos, exitosos. Nadie logra ser algo que desea sin antes emprender el camino que lo llevará a eso. Todo en la vida tiene un punto de partida y a excepción de la vida misma suelen ser ustedes quienes deciden cuando comenzar. El final... el final puede ser incierto, y quizás nunca acabar, solo sabemos algo, hemos venido a este mundo para vivir y nos iremos de él ese día que tengamos que irnos, lo que pase en el medio es responsabilidad nuestra, de nadie más.

Una persona puede cambiar el mundo si tiene esperanza y esa esperanza se la transmite a los demás. Un acto de buena fe, una voluntad inquebrantable, puede cambiar todo y dar luz donde antes había oscuridad. Ustedes pueden ser esa luz, pueden ser esa persona, ustedes deben serlo, por ustedes, por sus seres queridos y por todo el mundo. Si cada uno de nosotros logra mejorarle la vida, aunque sea a una persona, y esa persona a otra, y así sucesivamente, la inmensidad de sus actos logrará cambiar y mejorarles la vida a millones de personas con el transcurso del tiempo, y todo comenzó con ustedes, con sus actos, que en su momento quizás les parecieran pequeños y hasta insignificantes... pero no lo son. Serán la llama que encienda la vela que representa los cambios que busquen producir.

Sin embargo, debo advertirles que si existe algo que no pueden ni podrán jamás cambiar, y esto es el TIEMPO. Este transcurre y transcurrirá siempre hacia delante y a la misma velocidad, no los esperará como no hace con nadie, irá a su propio ritmo, no está a su alcance detenerlo ni cambiarle la marcha hacia atrás, entonces, no pierdan tiempo intentándolo o lamentándose, cuanto antes se decidan a comenzar a forjar su propio destino, mejor será, cuanto antes vean la luz mejor será, cuanto antes se despierten y decidan vivir la vida plenamente, mejor será, cuanto antes cierren las puertas de aquello que les causó dolor y abran nuevas, mejor será. En mi caso me costaron muchos años entenderlo, y deseo que no sea así para ustedes… el tiempo es eterno en sí mismo, pero para cada uno de nosotros es finito, tiene un comienzo que conocemos, pero desconocemos plenamente su final. No estoy triste, ni me he angustiado en lo absoluto por haberme demorado todos esos años en despertar, simplemente, cada uno de nosotros tenemos diferentes tiempos de desarrollo, para algunos es temprano, para otros tardío, pero lamento decirles que quizás, la gran mayoría nunca lo hace.

Verán que cada persona en este mundo vive diferentes circunstancias que la sacuden en su interior, en su esencia, y es recién entonces que deciden salir de esa caja que los aprisionaba, esa con los límites y barreras que las diferentes realidades que le han tocado vivir, barreras sociales, sentimentales, mentales y emocionales, que muchas veces ellos mismos se han puesto, los mantenía sumergidos y con los ojos cerrados. Como les decía, el tiempo es finito para el ser humano, no es eterno para ninguno de nosotros, es como un reloj nuevo que un día alguien decide echarle a andar pero que desconoce cuándo dejará de marchar, ese último segundo, ese último instante, ese último suspiro. Ahora, ustedes quizás tienen la suerte de que alguien, en este caso yo, les intente abrir los ojos, en estos momentos tan tempranos, para que no pierdan tiempo, alguien que les brinda abierta y sinceramente sus propias experiencias vividas, para que aprendan de ellas y no les tome tanto tiempo comprender estas verdades, al final, igualmente de ustedes será esa decisión. Yo no tuve esta suerte, y no me quejo de ello, tampoco culpo a nadie por ello, al contrario, soy agradecido ya que las diferentes circunstancias que me ha tocado vivir a lo largo de mi vida me han llevado a estar aquí, a ser quien soy, y a tenerlos a ustedes. Es verdad que tuve que descubrir por mí mismo muchas cosas, y si bien algunos cambios cuando transcurren de esta manera cuestan mucho, quizás hasta duelen, les juro que han sido apasionantes.

Mis amados, no pierdan el tiempo, aprovéchenlo al máximo, cada segunda cuenta, cada minuto vale, cada instante que sucede no podemos volverlo atrás. Lo vivido ya paso, lo hecho, hecho está. Entonces vivan, vivan con sus ojos abiertos, los del alma, sean hacedores de su propio destino… ya que, si lo hacen o no, el tiempo transcurrirá igualmente y no los esperará. Todos y cada uno de nosotros poseemos el mismo tiempo, todos tenemos veinticuatro horas al día, lo que hagamos con ellas es lo que marcará nuestro destino. En esto radica la diferencia entre los triunfadores y los perdedores, entre los exitosos y los fracasados, en ambos casos poseen el mismo tiempo, la diferencia permanece en que hacen con él. Es así que deben aprovechar cada día, aunque sea un instante del mismo dedíquenlo a su superación y desarrollo personal, a mejorar como personas desde algún aspecto, a crear los planes que los acerquen a concretar sus sueños, todo se resume a una decisión, una que solo ustedes pueden tomar, una de la cual tan solo ustedes son responsables.

En cada amanecer comiencen triunfando, el primer acto será despertarse cuando aún deseen seguir acostados en su cálida y acogida cama, háganlo lo más temprano que puedan, cuando los rayos de luz recién asomen por el horizonte. El siguiente acto será tender su cama lo mejor que puedan, y ahí tendrán otro gran triunfo, le dirán al universo que están de pie para vivir otro día exitoso, que allí están ustedes para existir en un nuevo día y no será uno más, será mejor que el anterior y darán nuevos y seguros pasos hacia su realización personal.

Cada día es una nueva oportunidad para ser feliz, para ser ustedes mismos, para sentirse poderosos y hambrientos de gloria, y todo siempre comienza con pequeños detalles, pero muy significativos, levantarse y andar. En seguida deberán de agradecer como les dije antes, háganlo por todo lo que tienen, por todo lo que son, como el estar vivos, gozar de buena salud, la familia, la pareja, los amigos, las mascotas, la comida en la despensa, el techo donde viven, la cama donde duermen, el trabajo que poseen, por todo deben de agradecer... porque deben comprender que si no son agradecidos por lo que tienen y son ahora, nunca podrán serlo por lo que vendrá, y el universo entenderá que no están dispuestos a recibir nada más y si lo hacen no serán capaces de disfrutarlo.

Al final, invariablemente, siempre y siempre, todo dependerá de ustedes mismos, de nadie ni nada más, sus logros o derrotas serán consecuencia y resultado de las actitudes que tengan frente a los problemas y las diferentes situaciones que se les presenten en la vida. Ser exitosos o no llegar a serlo en lo absoluto, sea lo que sea que ustedes consideren como éxito, y les aseguro que este concepto irá variando a lo largo del tiempo, y con los objetivos que vayan alcanzando en su vida, será el efecto de su disposición y determinación de ir por él, de darlo todo por alcanzarlo. Tengan cuidado, y no se conviertan en la clase de personas que ni siquiera han empezado a transitar el camino del éxito, por miedo, falta de coraje, de fe, de voluntad, de amor propio, por no encontrar y siquiera buscar su propósito… o se dan por vencidos a la mitad del mismo por falta de determinación, disciplina, dedicación y confianza en si mismos… Aléjense de ellas lo máximo posible, porque les aseguro que son contagiosas cuando nos encontramos débiles, y denlo por echo que en ocasiones lo estarán.

En ocasiones suceden circunstancias que no podemos cambiar, escapan de nuestras manos, no existe nada que podamos hacer o decir para cambiarlas, no poseemos ese poder, sin embargo, siempre tenemos el poder de decidir la actitud que tomamos frente a ellas. Esa decisión es enteramente nuestra y de nadie más, he ahí como decidimos afrontar y vivir nuestra vida, nuestra y de nadie más. Recuerden que ustedes son dueños y hacedores de su destino, es su vida, la de nadie más, su opinión es la única que realmente vale, sus sentimientos son los que cuentan, su propia felicidad debe ser su meta fundamental, puesto que no podrán hacer feliz a nadie más sin antes ser felices ustedes mismos. Ustedes se lo merecen, se merecen vivir plenamente y ser felices, nadie vino al mundo a sufrir porque alguien así lo ha

*determinado por defecto, vivan, sonrían, vayan, siempre vayan
por eso que sueñan, no se detengan, la vida es una, no hay otra
oportunidad de vivirla, ni tiene revancha.*

*Nunca, nunca y nunca reduzcan o se faciliten las
metas, nunca se conformen con menos de lo que sueñen, con
menos de lo que se merecen… porque se lo merecen todo… no
se conformen con un trozo pequeño del pastel. Si es necesario
aumenten sus esfuerzos para conseguirlo, pero nunca se
conformen con menos de lo que deseen. Sepan que no existen
límites para el verbo, los limites son puestos por nosotros
mismos, siempre son puestos por nosotros mismo, al igual que
somos nosotros quienes decidimos cuando rendirnos. Nadie ni
nada puede vencerlos si ustedes no se rinden.*

*No quiero ponerle punto final a esta carta sin antes
contarles que llevo conmigo siempre un amuleto, y que ustedes
también deberían de hacerlo. Lleven con ustedes un amuleto
de buena suerte, un algo que los ayude a mantener la fe cuando
las cosas se compliquen, donde depositar energía positiva, que
sea alguna cosa que les haga recordar porque estan allí y a
donde quieren llegar, quienes son, que les de las fuerzas para
continuar luchando cuando parezca que el cuerpo y la mente*

se rinden, que les recuerde el porqué de su valía, dedicación, esfuerzo y determinación... para mí, mi amuleto, que es una piedra que un día recogiera junto al mar, me recuerda a ustedes, que son esa luz que siempre me acompaña.

También hoy debo agradecerles, porque junto a ustedes y por ustedes, aprendí que los adultos debemos ser un poco más como niños. Sucede que cuando crecemos nos vamos olvidando de las aptitudes tan buenas que poseíamos cuando éramos pequeños, y que resultan imprescindibles para llevar una vida plena. Esas épocas donde soñamos libremente percibiendo un mundo donde todo es posible, un mundo mejor, uno en el que todo es posible, en el cual somos los héroes, somos libres, todo está a nuestro alcance porque dejamos volar la imaginación. Cuando nos vamos haciendo adultos cambiamos nuestra forma de ver y percibir el mundo tanto que nos olvidamos de disfrutar, nos olvidamos de nuestros sueños y deseos, nos olvidamos que todo es posible si lo imaginamos, perdemos la inocencia y la pureza, nos convertimos en máquinas de este sistema rutinario y global. Les ruego que ustedes no lo hagan... crezcan, claro, pero nunca olviden y dejen de lado a su niño interior, ese que todo lo podía, ese que realmente conoce quienes son y cuáles son sus sueños, ese que siempre veía el lado bonito de las cosas. Jamás dejen de soñar, mi vida cambió cuando comprendí que quería alcanzar realmente mis sueños, así como lo hacía de niño, así como lo hacen ustedes ahora.

Mis pequeños, imagínense que ustedes ahora son un pequeño arbolito que mamá y papá plantaron en tierra fértil, que está creciendo, sano y fuerte, con esperanzas y anhelos de acariciar el cielo, y cuando ya sean lo suficientemente altos, grandes, y fuertes, cuando lo logren, no cambien ni olviden las raíces que poseen ahora, en ese preciso momento, no olviden su esencia, porque cuando cambiamos las raíces cambiamos el árbol y con ello los frutos que este dará.

Por último, necesito contarles que existen algunos principios y valores que deben seguir y poseer, si o si, si quieren ser buenas personas, felices y sentirse completos a lo largo de su vida, si quieren hacer sus sueños realidad. No les explicaré cabalmente en esta carta que es cada uno de ellos, simplemente se los nombraré y brevemente detallaré, y de ustedes depende ahondar más en lo que son y su importancia. Sean honestos ya que quien siembra la verdad cosecha la confianza. Gocen de inspiración y creatividad, estas les harán encontrar nuevos caminos para llegar a obtener sus sueños, también les ayudarán a construir las puertas que les abrirán el paso donde solo existen muros que los detienen. Sean apasionados y valientes, así poseerán el coraje y la confianza en ustedes mismos, necesarios para que nada ni nadie pueda jamás detenerlos, serán inquebrantables, imparables, no huirán de las adversidades, las vencerán. Sean humildes, empáticos y agradecidos, estos tres son valores y pilares fundamentales de las personas de bien. Los hemos criado junto a su madre para que puedan sentarse y estrecharle la mano tanto a un noble como a un mendigo, nadie es más que nadie en esta vida, todas las personas merecen el mismo respeto y amor, más allá de sus diferencias, sean de género, raza, edad, nacionalidad, profesión, educación, valores, financieras, económicas, cualquiera que sea. Actúen de esta forma y eso obtendrán en gratificante retribución.

Qué más puedo decirles más que agradecerles, decirles simplemente gracias, gracias por darle a este padre una razón para vivir más fuerte que la vida misma, y tengan siempre presente que su último respiro nunca será tan importante como el siguiente.

Tan solo sean...

Simplemente vivan...

Ahora y siempre los amo y amaré...

Este Libro se lo dedico a mis Hijos Juana y Lautaro,

ellos han sido mi fuente de inspiración, y para ellos lo he escrito.

Quiero que siempre tengan presente a su padre,

esté donde esté, aquí les dejo las mejores enseñanzas

que podría brindarles... y les cuento un poco

de la historia de su bella familia.

Los ama... Papá